MANUEL
DU
PÉLERINAGE LORRAIN
A NOTRE-DAME DE LOURDES

d'entre vous s'accordent à demander une chose, quelle qu'elle soit, elle leur arrivera ; pourvu qu'elle ne doive pas nuire à leur salut.

Aidons d'abord ceux d'entre nous qui sont les plus nécessiteux, les malades. Aidons-les de la manière que nous pouvons, au moins en priant pour eux. Ils sont le joyau d'un pèlerinage. Leur présence est une bénédiction pour tous ; mais elle impose à tous des devoirs particuliers.

La pratique parfaite de la charité est le plus sûr moyen de plaire à Notre Seigneur et à son Immaculée Mère. Que les Pèlerins fassent revivre, en ce siècle égoïste, et montrent à tous les regards, pour la gloire de Dieu, la sublime fraternité des premiers chrétiens, dont on disait : *Ils ne font qu'un cœur et qu'une âme.*

Si l'esprit de prière, l'esprit de pénitence et l'esprit de charité règnent en nous, nous le saurons aux fruits qu'ils produiront : la *joie* et la *gaieté.*

La joie, en effet, au témoignage de Saint Paul, est l'un des fruits principaux du règne de l'Esprit-Saint en nous. Cette joie, au lieu de diminuer le mérite du Pèlerinage, ne fera que l'accroître ; car, dit encore l'apôtre : « Dieu aime les dons faits avec entrain ; *Hilarem enim datorem diligit Deus.* »

Donc de l'entrain dans les prières, dans les sacrifices, dans les services mutuels ; pas de plaintes ; la joie d'expier !

IV. **Observation du règlement.** — Les dispositions intérieures sont ce qui importe le plus ; pourtant, si parfaites qu'on les suppose, elles ne peuvent tout faire seules : il faut qu'elles soient soutenues au dehors par l'influence continue d'un règlement accepté de bon cœur. Or, le règlement d'un pèlerin de Lourdes doit être, autant que pos-

MANUEL

DU

PÈLERINAGE LORRAIN

A NOTRE-DAME DE LOURDES

PRIX : 50 CENTIMES

SAINT-DIÉ. — IMPRIMERIE L. HUMBERT.

—

1890

IMPRIMATUR

† **MARIA-ALPHONSUS**, *Episc. Sancti-Deodati.*

Sancti-Deodati, die 9ᵉ Julii 1890.

PRÉFACE

Les Pèlerinages à la Grotte de Lourdes dévieraient de leur but et perdraient tout leur mérite s'ils venaient, par la faute des pèlerins, à se transformer en simples excur_ sions de touristes.

La manière dont ils doivent être accomplis a été indiquée par la Très Sainte Vierge elle-même dans ces paroles si connues qu'Elle dit à Bernadette : « *Je veux qu'on vienne ici en* **Procession**. » Elle a été rappelée aussi par le Souverain Pontife dans cette condition : « *de se livrer à de pieux exercices* **pendant le voyage**, » si l'on veut gagner l'indulgence plénière attachée à la visite de la Basilique ou de la Grotte.

Donc, une **procession** qui, sur les chemins conduisant au lieu des Apparitions, chante les louanges de la miséricorde divine; un **temps de retraite** consacré à notre renouvellement spirituel et à notre sanctification, tel doit être notre Pèlerinage, si nous voulons qu'il réponde aux intentions de la Mère de Dieu et aux vues de l'Église.

C'est à réaliser cette pieuse intention, qu'aidera le **Manuel du Pèlerinage**.

Il est divisé en trois parties :

La première comprend tous les exercices qui se rapportent à la sanctification générale de la journée : Prières du matin, Prières du soir, Sainte Messe, Vêpres de la

Sainte Vierge, Saint Rosaire, Chemin de la Croix, Litanies des Saints, Confession, Communion, etc.

Dans la seconde ont été réunis les exercices qui ont pour objet la sanctification particulière de chacun des divers jours du Pèlerinage : bénédiction et imposition des Croix, Prières de l'Itinéraire, Méditations, Cantiques.

La troisième renferme de courtes notices sur l'origine et les gloires des divers sanctuaires qui seront visités par les pèlerins.

Un Pèlerinage à Notre-Dame de Lourdes réunit en lui seul tous les mérites de la prière, de l'aumône, de la pénitence. Quelle perte regrettable si, par leur négligence, les pèlerins étaient privés de mérites si précieux ! Puisse ce petit Manuel contribuer pour sa part à éloigner d'eux pareil malheur !

MANUEL

DU PÈLERINAGE LORRAIN

A NOTRE-DAME DE LOURDES

———×———

AVIS GÉNÉRAUX

Le mérite de notre Pèlerinage devant dépendre de l'intention surnaturelle qui l'animera, des grâces que nous aurons reçues pour le faire et de l'esprit avec lequel nous en accomplirons les divers exercices, le premier devoir que nous avons à remplir est de bien diriger nos intentions, de nous assurer le secours de grâces de choix, de prendre l'esprit qui distingue les vrais pèlerins et de nous soumettre aux prescriptions du règlement.

I. **Intentions.** — Ne cherchons sur les chemins de Lourdes ni le contentement des sens, ni la satisfaction de la curiosité. Si nous y trouvons quelque agrément naturel, acceptons-le de la main de Dieu, comme nous pouvons accepter en général la jouissance honnête que sa Providence attache à l'usage légitime des biens de ce monde; mais mettons le toujours au second rang.

Parmi nos intentions, les unes seront générales et se rapporteront au bien commun de l'Eglise; les autres pourront être particulières et avoir pour objet notre bien propre ou celui des personnes qui nous sont chères.

Intentions générales : Le triomphe de l'Eglise, la délivrance du Pape, le salut de la France, la conversion des pécheurs, la guérison des malades du Pèlerinage; ces intentions auront la place principale.

Intentions particulières : Connaître sa vocation ; remplir exactement les devoirs de son état ; triompher de tel vice, de telle mauvaise habitude ; pratiquer telle ou telle vertu ; briser avec une affection dangereuse ou criminelle ; avoir le courage d'accomplir quelque acte héroïque auquel nous sommes sollicités par la grâce et qui pourrait être grandement utile à la gloire de Dieu ou au bien de notre âme ; guérir certains scrupules ou calmer les troubles intérieurs de la conscience ; obtenir la conversion de quelques parents et amis ; apaiser des querelles ou des divisions de famille ; délivrer au plus tôt les pauvres âmes du Purgatoire et en particulier celles de nos parents, etc.

Après ces demandes toutes spirituelles, les plus agréables à Dieu et les meilleures assurément, on peut aussi se proposer d'obtenir de Notre-Seigneur, par l'intercession de sa Très Sainte Mère, des faveurs temporelles ; telles que la guérison d'une maladie, l'éloignement ou la réparation d'un revers de fortune. Notre divin Maître n'a-t-il pas dit : *Demandez et vous recevrez ?* sans faire d'exception.

N'oublions cependant pas cette autre parole : *Cherchez premièrement le royaume de Dieu et sa justice;* tandis qu'il n'a jamais dit : « Cherchez la fortune, la santé ou le bonheur dans cette vie. » Il faut donc, dans les demandes de ce genre, s'en remettre à la sagesse et à la bonté infinies de Dieu, sans la permission duquel aucune épreuve n'arrive dans ce monde.

II. **Recours à la grâce.** Si nous ne pouvons de nous-mêmes avoir la moindre bonne pensée, à plus forte raison sommes-nous incapables de nous suffire à former la moindre bonne intention ; *de nous-mêmes nous ne savons ni ce que nous devons demander, ni comment nous devons le demander,* et nous avons besoin pour la plus petite de nos œuvres méritoires d'un secours particulier de la grâce ; combien plus la grâce nous est-elle nécessaire pour la multitude innombrable de prières et de bonnes œuvres dont se compose un pèlerinage !

Que notre application assidue soit donc de nous procurer ce secours, à l'imitation de l'Eglise qui ne commence aucun de ses offices sans dire : « O mon Dieu, venez à mon aide ; *Deus in adjutorium meum intende.* »

Demandons et ne nous lassons pas de demander la grâce d'avoir de bonnes intentions, la grâce de bien prier, la grâce d'être charitables, la grâce de ne perdre aucun des fruits du Pèlerinage, etc.

III. Esprit du Pèlerinage. — Des intentions surnaturelles qui nous animeront, ainsi que des salutaires influences de la grâce, découleront, au fond de notre âme, un ensemble de dispositions intérieures qui inspireront tous nos exercices, et qui constituent l'**Esprit propre du Pèlerin :** esprit de piété, de charité et de pénitence :

1º L'esprit de **Piété** nous fera nous affectionner à toutes les choses qui intéressent la gloire de Dieu, la prospérité de l'Eglise et le salut des âmes. Où nous pénétrerons-nous mieux de cet esprit que dans les lieux qui nous rappellent tant de manifestations de la bonté divine à notre égard ?

Mais rappelons-nous que la piété ne va pas sans le recueillement, et évitons par conséquent les conversations bruyantes, les entretiens sur des sujets futiles, et tout ce qui nous distrairait trop des saintes pensés qui doivent nous occuper.

2º L'esprit de **Pénitence** nous disposera à supporter les *privations* et à faire des *sacrifices*.

Faites pénitence, a dit l'Immaculée ; *mangez de l'herbe*.

Un pèlerinage n'est pas un voyage de plaisir, mais d'expiation.

Les occasions d'expier ne manquent pas aux pèlerins : fatigues de la route, chaleur du jour, froid de la nuit, gêne et contrainte imposées par la bienveillance ou la politesse. Ne perdons aucune de ces occasions. Acceptons tout, supportons tout, souffrons tout avec Jésus crucifié ; offrons nous nous-mêmes tout entiers en sacrifice.

Mais *ce qui vaut mieux* encore *que le sacrifice, c'est l'obéissance*, qu'exige, du reste, le bien commun. Quel désordre, si chacun suivait son caprice !

Ne regardons pas qui commande, obéissons en imitation de *Jésus qui s'est fait obéissant pour tous*. Observons le règlement ; ce sera un moyen assuré de faire le pèlerinage pour Dieu : *Qui regulæ vivit, Deo vivit*.

3º L'esprit de **Charité** nous portera à nous supporter et à nous entr'aider les uns les autres. On ne peut vivre ensemble sans se gêner ; acceptons cette gêne mutuelle.

Faisons plus. Aidons-nous.

Un pèlerinage est avant tout une association et comme un faisceau de cœurs unis pour faire violence au cœur de Dieu par une coalition de prières, de sacrifices et d'expiations. Ne séparons donc jamais nos intentions particulières de celles de nos frères en Jésus-Christ, qui a promis une efficacité toute spéciale à la prière des fidèles réunis en son nom : *En vérité, je vous le dis, si deux*

*d'entre vous s'accordent à demander une chose,
quelle qu'elle soit, elle leur arrivera ;* pourvu
qu'elle ne doive pas nuire à leur salut.

Aidons d'abord ceux d'entre nous qui sont les
plus nécessiteux, les malades. Aidons-les de la
manière que nous pouvons, au moins en priant
pour eux. Ils sont le joyau d'un pèlerinage. Leur
présence est une bénédiction pour tous ; mais elle
impose à tous des devoirs particuliers.

La pratique parfaite de la charité est le plus sûr
moyen de plaire à Notre Seigneur et à son Immaculée Mère. Que les Pèlerins fassent revivre, en
ce siècle égoïste, et montrent à tous les regards,
pour la gloire de Dieu, la sublime fraternité des
premiers chrétiens, dont on disait : *Ils ne font
qu'un cœur et qu'une âme.*

Si l'esprit de prière, l'esprit de pénitence et l'esprit de charité règnent en nous, nous le saurons
aux fruits qu'ils produiront : la *joie* et la *gaieté.*

La joie, en effet, au témoignage de Saint Paul,
est l'un des fruits principaux du règne de l'Esprit-
Saint en nous. Cette joie, au lieu de diminuer le
mérite du Pèlerinage, ne fera que l'accroître ; car,
dit encore l'apôtre : « Dieu aime les dons faits
avec entrain ; *Hilarem enim datorem diligit
Deus.* »

Donc de l'entrain dans les prières, dans les sacrifices, dans les services mutuels ; pas de plaintes ; la joie d'expier !

IV. Observation du règlement. — Les dispositions intérieures sont ce qui importe le plus ;
pourtant, si parfaites qu'on les suppose, elles ne
peuvent tout faire seules : il faut qu'elles soient
soutenues au dehors par l'influence continue d'un
règlement accepté de bon cœur. Or, le règlement
d'un pèlerin de Lourdes doit être, autant que pos-

sible, celui d'un retraitant. Des prières, des méditations, des neuvaines, des chants, telle sera l'occupation de chacune de ses journées.

1° *Prières.* — La Prière du matin, la Sainte Messe, le saint Rosaire, les Vêpres, la Neuvaine pour les malades, la visite au Saint-Sacrement, la Prière du soir, sont les prières fondamentales, on ne les omettra jamais ; et pour cela, on aura soin de les dire en commun aux heures convenues.

Chacun priera ensuite en son particulier, selon qu'il s'y sentira porté par la grâce de Dieu, le plus qu'il pourra, comme les apôtres : *Orationi instantes erimus.* Pourtant, pas d'exagération. Et surtout que chacun suive en ceci sa dévotion, sans l'imposer à son voisin. Celui qui fera toutes les prières marquées dans l'itinéraire peut être tranquille sur son Pèlerinage.

Un des exercices les plus recommandables, dans les wagons, serait celui du Chemin de la Croix, fait en commun sur un Crucifix indulgencié, exercice qui joint aux mérites de la prière vocale ceux de la prière mentale.

2° *Méditations.* — Les prières vocales et l'office des Vêpres sont un aliment précieux pour la piété des pèlerins. Mais après avoir parlé à Dieu, il est nécessaire que l'âme laisse Dieu lui parler et l'écoute.

Cette parole de Dieu, les pèlerins la recueilleront dans les prédications qui leur seront adressées et dont ils suivront avec docilité les enseignements ; mais ils se feront un devoir de la puiser aussi dans des lectures pieuses, soit dans celles qu'ils trouveront ici et qui sont destinées à leur servir de sujets de méditation, soit dans celles qui leur seront fournies d'ailleurs.

Le mot de méditation effraie... Ce n'est pas une raison pour ne pas méditer... Qui est incapable de réfléchir quelques instants sur un sujet sérieux ?

Et, puisque chacun le peut, pourquoi ne réfléchirait-il pas sur le seul intérêt sérieux pour lui, le salut de son âme..., l'amour de Notre-Seigneur..., la charité envers nos frères..., nos espérances..., le mérite de la patience..., etc. ?

Un pèlerinage n'aurait-il pour résultat que de nous faire prendre la résolution de réfléchir et de faire oraison seulement cinq minutes par jour, qu'il aurait produit un grand bien.

Méditons en particulier les paroles prononcées par la Mère de Dieu dans ses diverses apparitions à Bernadette. Toutes sont pleines des enseignements les plus profonds et les plus appropriés à nos besoins actuels.

3° *Neuvaines.* — Le sentiment commun des fidèles, sentiment autorisé par l'Église, a toujours reconnu aux neuvaines de prières une efficacité particulière qu'elles doivent, partie à leur signification mystique, partie à la persévérance qui est leur qualité essentielle.

Une neuvaine spéciale aux malades et à leurs bienfaiteurs est recommandée avant le départ du Pèlerinage.

Une seconde neuvaine, plus générale à toutes les intentions des pèlerins, sera faite pendant le Pèlerinage. Les prières de cette neuvaine se composent *des Litanies de la Sainte Vierge et d'invocations au* CŒUR SACRÉ DE JÉSUS, à la Vierge Immaculée et aux saints Patrons des divers diocèses de la Lorraine et de l'Alsace : saint Dié, saint Mansuy, saint Clément, sainte Odile, etc.

Les pèlerins réciteront les prières de cette neuvaine, soit dans les wagons pendant la route, soit dans les sanctuaires.

4° *Chants*. — Les chants sont la forme la plus parfaite de la prière ; ils entretiennent la ferveur dans les âmes ; et d'ailleurs, on ne conçoit pas une procession où l'on ne chanterait pas.

Aux Messes basses, le chant par excellence est le *Credo*. En route, outre les *Vêpres de la Sainte Vierge,* on chantera successivement les *Litanies,* le *Miserere,* le *Parce Domine,* l'*Ave Maris Stella,* le *Salve Regina,* le *Magnificat,* des *Cantiques,* surtout l'*Ave, Ave, Ave, Maria* de Lourdes.

V. Assistance aux Offices publics. — Les prières faites en commun, et surtout les offices publics, possèdent plusieurs avantages : ils ont, comme chacun le sait, une efficacité spéciale sur le cœur de Dieu ; ils détendent l'esprit ; ils permettent au cœur chrétien de goûter à loisir les joies de l'union avec Dieu, après qu'il est parvenu à cette douce union par la prière privée et par la méditation.

Les pèlerins feront donc leur possible pour se rendre aux exercices communs, dont les heures sont indiquées dans le cours de chaque journée. L'esprit de charité et de solidarité dans la prière gagnera tout particulièrement à cette assiduité.

PREMIÈRE PARTIE

SANCTIFICATION GÉNÉRALE DE LA JOURNÉE

PRIÈRES DU MATIN

Au nom du Père, et du Fils, et du Saint-Esprit. Ainsi soit-il.

Mettons-nous en la présence de Dieu et adorons son saint Nom

Très sainte et très auguste Trinité, Dieu seul en trois personnes, je crois que vous êtes ici présent. Je vous adore avec les sentiments de l'humilité la plus profonde, et vous rends de tout mon cœur les hommages qui sont dus à votre souveraine Majesté.

Remercions Dieu des grâces qu'il nous a faites et offrons-nous à lui.

Mon Dieu, je vous remercie très humblement de toutes les grâces que vous m'avez faites jusqu'ici. C'est encore par un effet de votre bonté que je vois ce jour : je veux aussi l'employer uniquement pour vous servir. Je vous en consacre toutes les pensées, les paroles, les actions et les peines. Bénissez-les, Seigneur, afin qu'il n'y en ait aucune qui ne soit animée de votre amour, et qui ne tende à votre plus grande gloire.

Formons la résolution d'éviter le péché et de pratiquer la vertu.

Adorable Jésus, divin modèle de la perfection à laquelle nous devons aspirer, je vais m'appliquer autant que je le pourrai, à me rendre semblable à vous, doux, humble, chaste, zélé, patient, charitable et résigné comme vous. Et je ferai particulièrement tous mes efforts pour ne pas retomber dans les fautes que je commets si souvent, et dont je souhaite sincèrement de me corriger.

Demandons à Dieu les grâces qui nous sont nécessaires.

Mon Dieu, vous connaissez ma faiblesse ; je ne puis rien sans le secours de votre grâce, ne me la refusez pas, ô mon Dieu ! proportionnez-la à mes besoins ; donnez-moi assez de force pour éviter tout le mal que vous défendez, pour pratiquer tout le bien que vous attendez de moi, et pour souffrir patiemment toutes les peines qu'il vous plaira de m'envoyer.

L'ORAISON DOMINICALE

Pater noster, etc.	Notre Père, etc.

LA SALUTATION ANGÉLIQUE

Ave, Maria, etc.	Je vous salue, Marie, etc.

LE SYMBOLE DES APOTRES

Credo in Deum, etc.	Je crois en Dieu, etc.

LA CONFESSION DES PÉCHÉS

Confiteor Deo omnipotenti, etc.	Je confesse à Dieu tout-puissant, etc.

COMMANDEMENTS DE DIEU

1. Un seul Dieu tu adoreras, etc.

COMMANDEMENTS DE L'EGLISE

1. Les fêtes tu sanctifieras, etc

Invoquons la Sainte Vierge, notre bon ange et notre saint patron.

Sainte Vierge, Mère de Dieu, ma Mère et ma Patronne, je me mets sous votre protection, et je me réfugie avec confiance dans le sein de votre miséricorde. Soyez, ô Mère de bonté, mon refuge dans mes besoins, ma consolation dans mes peines, et mon avocate auprès de votre adorable Fils, aujourd'hui, tous les jours de ma vie, et particulièrement à l'heure de ma mort.

Ange du ciel, mon fidèle et charitable guide, obtenez-moi d'être si docile à vos inspirations, et de régler si bien mes pas, que je ne m'écarte en rien de la voie des commandements de Dieu.

Grand Saint..., dont j'ai l'honneur de porter le nom, protégez-moi, priez pour moi, afin que je puisse servir Dieu comme vous sur la terre, et le glorifier éternellement avec vous dans le ciel. Ainsi soit-il.

ACTE DE FOI

Mon Dieu, je crois fermement toutes les vérités que vous avez révélées, et que vous nous enseignez par votre Eglise, parce que vous ne pouvez ni vous tromper, ni nous tromper.

ACTE D'ESPÉRANCE

Mon Dieu, j'espère avec une ferme confiance

que vous me donnerez, par les mérites de Jésus-Christ, votre grâce en ce monde, et, si j'observe vos commandements, votre gloire dans l'autre ; parce que vous me l'avez promis, et que vous êtes souverainement fidèle dans vos promesses.

ACTE DE CHARITÉ

Mon Dieu, je vous aime de tout mon cœur et par-dessus toutes choses, parce que vous êtes infiniment bon et infiniment aimable, et j'aime mon prochain comme moi-même pour l'amour de vous.

MÉDITATION

On fera ici la méditation assignée dans la 2ᵉ partie pour chacun des jours du pèlerinage.

LITANIES DU SAINT NOM DE JÉSUS

Kyrie, eleison.
Seigneur, ayez pitié de nous.

Christe, eleison.
Jésus-Christ, ayez pitié de nous.

Kyrie, eleison,
Seigneur, ayez pitié de nous.

Jesu, audi nos,
Jésus, écoutez-nous.

Jesu, exaudi nos,
Jésus, exaucez-nous.

Pater de cœlis, Deus, miserere nobis,
Dieu le Père, des Cieux où vous êtes assis, ayez pitié de nous.

Fili, Redemptor mundi, Deus.
Dieu le Fils, Rédempteur du monde, ayez pitié de nous.

Spiritus Sancte, Deus,
Dieu le Saint-Esprit,

Sancta Trinitas, unus Deus,
Trinité sainte, qui êtes un seul Dieu,

Jesu, Fili Dei vivi,
Jésus, Fils du Dieu vivant,

Jesu, splendor Patris,
Jésus, splendeur du Père,

Jesu, candor lucis æternæ,
Jésus, pureté de la lumière éternelle,

Jesu, Rex gloriæ,	Jésus, roi de gloire,
Jesu, sol justitiæ,	Jésus, soleil de justice,
Jesu, Fili Mariæ Virginis,	Jésus, Fils de la Vierge Marie,
Jesu, amabilis,	Jésus, aimable,
Jesu, admirabilis,	Jésus, admirable,
Jesu, Deus fortis,	Jésus, Dieu fort,
Jesu, Pater futuri sæculi,	Jésus, père du siècle à venir,
Jesu, magni consilii Angele,	Jésus, Ange du grand Conseil,
Jesu, potentissime,	Jésus, très puissant,
Jesu, patientissime,	Jésus, très patient,
Jesu, obedientissime,	Jésus, très obéissant,
Jesu, mitis et humilis corde,	Jésus, doux et humble de cœur,
Jesu, amator castitatis,	Jésus, amateur de la chasteté,
Jesu, amator noster,	Jésus, qui nous honorez de votre amour,
Jesu, Deus pacis,	Jésus, Dieu de paix,
Jesu, auctor vitæ,	Jesus, auteur de la vie,
Jesu, exemplar virtutum,	Jésus, modèle des vertus,
Jesu, zelator animarum,	Jésus, zélateur des âmes,
Jesu, Deus noster,	Jésus, notre Dieu,
Jesu, refugium nostrum,	Jésus, notre refuge,
Jesu, pater pauperum,	Jésus, père des pauvres,
Jesu, thesaurus fidelium,	Jésus, trésor des fidèles,
Jesu, bone pastor,	Jésus, bon pasteur,
Jesu, lux vera,	Jésus, vraie lumière,
Jesu, sapientia æterna,	Jésus, Sagesse éternelle,
Jesu, bonitas infinita,	Jésus, bonté infinie,
Jesu, via et vita nostra,	Jésus, notre voie et notre vie,
Jesu, gaudium Angelorum,	Jésus, la joie des Anges,
Jesu, rex Patriarcharum,	Jésus, le roi des Patriarches,
Jesu, inspirator Prophetarum,	Jésus, qui inspirez les Prophètes,
Jesu, magister Apostolorum,	Jésus, le maître des Apôtres,
Jesu, doctor Evangelistarum,	Jésus, le docteur des Evangélistes,
Jesu, fortitudo Martyrum,	Jésus, la force des Martyrs,
Jesu, lumen Confessorum	Jésus, la lumière des Confesseurs,
Jesu, puritas Virginum,	Jésus, la pureté des Vierges,
Jesu, corona Sanctorum omnium, miserere nobis.	Jésus, la couronne de tous les Saints, ayez pitié de n.,

Propitius esto, parce nobis Jesu.

Soyez-nous propice, pardonnez-nous, Jésus.

Propitius esto, exaudi nos, Jesu.

Soyez-nous propice, exaucez-nous, Jésus.

Ab omni malo, libera nos, Jesu.

De tout mal, délivrez-nous, Jésus,

Ab omni peccato, libera nos, Jesu.

De tout péché, délivrez-nous Jésus.

Ab ira tua, libera nos, Jesu.

De votre colère, délivrez-nous, Jésus.

Ab insidiis diaboli, libera nos, Jesu.

Des embûches du démon, délivrez-nous Jésus.

A spiritu fornicationis, libera nos, Jesu.

De l'esprit de fornication, délivrez-nous, Jésus.

A morte perpetua, libera nos, Jesu.

De la mort perpétuelle, délivrez-nous, Jésus.

A neglectu inspirationum tuarum, libera nos, Jesu.

Du mépris de vos divines inspirations, délivrez-nous, Jésus.

Per mysterium sanctæ Incarnationis tuæ, libera nos, Jesu.

Par le mystère de votre sainte Incarnation, délivrez-nous, Jésus.

Per nativitatem tuam, libera nos, Jesu.

Par votre naissance, délivrez-nous, Jésus.

Per infantiam tuam, libera nos, Jesu.

Par votre enfance, délivrez-nous, Jésus.

Per divinissimam vitam tuam, libera nos, Jesu.

Par votre vie toute divine, délivrez-nous, Jésus.

Per labores tuos, libera nos, Jesu.

Par vos travaux, délivrez-nous, Jésus.

Per agoniam et Passionem tuam, libera nos, Jesu.

Par votre agonie et votre Passion, dél.-nous, Jésus.

Per Crucem et derelictionem tuam, libera nos, Jesu.

Par votre Croix et par votre abandonnement, délivrez-nous, Jésus.

Per languores tuos, libera nos, Jesu.

Par vos langueurs, délivrez-nous, Jésus.

Per mortem et sepulturam tuam, libera nos, Jesu.

Par votre mort et par votre sépulture, délivrez-nous, Jésus.

Per Resurrectionem tuam, libera nos, Jesu.

Par votre Résurrection, délivrez-nous, Jésus.

Per Ascensionem tuam, libera nos, Jesu.

Par votre Ascension, délivrez-nous, Jésus.

Per gaudia tua, libera nos, Jesu.

Par vos saintes joies, délivrez-nous, Jésus.

Per gloriam tuam, libera nos, Jesu.

Agnus Dei, qui tollis peccata mundi, parce nobis, Jesu.

Agnus Dei, qui tollis peccata mundi, exaudi nos, Jesu.

Agnus Dei, qui tollis peccata mundi, miserere nobis, Jesu.

Jesu, audi nos,

Jesu, exaudi nos.

℣ Confitebimur tibi, Deus; ℟ Et invocabimus Nomen tuum.

Par votre gloire, délivrez-nous, Jésus.

Agneau de Dieu qui effacez les péchés du monde, pardonnez-nous, Jésus.

Agneau de Dieu qui effacez les péchés du monde, exaucez-nous, Jésus.

Agneau de Dieu qui effacez les péchés du monde, ayez pitié de nous, Jésus.

Jésus, écoutez-nous.

Jésus, exaucez-nous.

℣ Nous vous bénirons, ô Dieu ! ℟ Et nous invoquerons votre nom.

OREMUS

Domine Jesu Christe, qui dixisti : Petite, et accipietis ; quærite, et invenietis ; pulsate, et aperietur vobis ; quæsumus, da nobis petentibus divinissimi tui amoris affectum, ut te toto corde, ore et opere diligamus, et a tua nunquam laude cessemus. Qui vivis et regnas in sæcula sæculorum. Amen.

PRIONS

Seigneur Jésus-Christ, qui avez dit : Demandez, et vous recevrez ; cherchez et vous trouverez ; frappez, et il vous sera ouvert ; faites-nous, s'il vous plaît, la grâce de concevoir l'affection de votre amour tout divin, afin que nous vous aimions de tout notre cœur en vous confessant de bouche et d'action, et que jamais nous ne cessions de vous louer. Ainsi soit-il.

PRIÈRES DU SOIR

Au nom du Père, et du Fils, et du Saint-Esprit. Ainsi soit-il.

Mettons-nous en la présence de Dieu et adorons-le.

Je vous adore, ô mon Dieu, avec la soumission que m'inspire la présence de votre souveraine grandeur. Je crois en vous, parce que vous êtes la vérité même. J'espère en vous, parce que vous êtes infiniment bon. Je vous aime de tout mon cœur, parce que vous êtes souverainement aimable, et j'aime le prochain comme moi-même, pour l'amour de vous.

Remercions Dieu des grâces qu'il nous a faites.

Quelles actions de grâces vous rendrai-je, ô mon Dieu ! pour les biens que j'ai reçus de vous ? Vous avez songé à moi de toute éternité ; vous m'avez tiré du néant, vous avez donné votre vie pour me rattacher, et vous me comblez encore tous les jours d'une infinité de faveurs. Hélas ! Seigneur, que puis-je faire en reconnaissance de tant de bontés ? Joignez-vous à nous, Esprits bienheureux, pour louer le Dieu des miséricordes ; qui ne cesse de faire du bien à la plus indigne et à la plus ingrate de ses créatures.

Demandons à Dieu de connaître nos péchés.

Source éternelle de lumière, Esprit-Saint, dissipez les ténèbres qui me cachent la laideur et la malice du péché. Faites-m'en concevoir une si grande horreur, ô mon Dieu ! que je le haïsse, s'il se peut, autant que vous le haïssez vous-même, et que je ne craigne rien tant que de le commettre à l'avenir.

Examinons-nous sur les péchés commis.

Envers Dieu. — Omissions ou négligences dans nos devoirs de piété, irrévérences à l'église, distractions volontaires dans nos prières, jurements, murmures, manque de confiance et de résignation dans la souffrance.
Envers le prochain. — Jugements téméraires, mépris,

haine, désirs de vengeance, querelles, emportements, imprécations, injures, médisances, railleries, faux rapports, dommages aux biens ou à la réputation, mauvais exemples, scandale, manque de respect, d'obéissance, de zèle, de fidélité.

Envers nous-mêmes. — Vanité, respect humain, mensonges, pensées, désirs, discours et actions contraires à la pureté ; intempérance, colères, inpatience, vie inutile et sensuelle, paresse à remplir les devoirs de notre état.

Faisons un acte de contrition.

Me voici, Seigneur, tout couvert de confusion et pénétré de douleur à la vue de mes fautes. Je viens les détester devant vous avec un vrai déplaisir d'avoir offensé un Dieu si bon, si aimable et digne d'être aimé. Etait-ce donc là, ô mon Dieu ! ce que vous deviez attendre de ma reconnaissance, après m'avoir aimé jusqu'à répandre votre sang pour moi ? Oui, Seigneur, j'ai poussé trop loin ma malice et mon ingratitude. Je vous en demande très humblement pardon, et je vous conjure, ô mon Dieu ! par cette même bonté dont j'ai ressenti tant de fois les effets, de m'accorder la grâce d'en faire dès aujourd'hui et jusqu'à la mort une sincère pénitence.

Prenons une ferme résolution de ne plus pécher.

Que je souhaiterais, ô mon Dieu, ne vous avoir jamais offensé ! Mais puisque j'ai été assez malheureux pour vous déplaire, je vais vous marquer la douleur que j'en ai par une conduite tout opposée à celle que j'ai gardée jusqu'ici. Je renonce dès à présent au péché et à l'occasion du péché, surtout à celui où j'ai la faiblesse de retomber si souvent. Et si vous daignez m'accorder votre grâce, ainsi que je la demande et que je l'espère, je tâcherai de remplir fidèlement mes devoirs, et rien ne sera capable de m'arrêter quand il s'agira de vous servir,

Pater, Ave, Credo, Confiteor.

Recommandons-nous à Dieu, à la Sainte Vierge et aux Saints.

Bénissez, ô mon Dieu ! le repos que je vais prendre pour réparer mes forces, afin de mieux vous servir. Vierge sainte, Mère de mon Dieu, et après lui mon unique espérance, mon bon Ange, mon saint Patron, intercédez pour moi, protégez-moi pendant cette nuit, tout le temps de ma vie, et à l'heure de ma mort. Ainsi soit-il.

Prions pour les vivants et pour les fidèles trépassés.

Répandez, Seigneur, vos bénédictions sur mes parents, mes bienfaiteurs, mes amis et mes ennemis. Protégez tous ceux que vous m'avez donnés pour supérieurs, tant spirituels que temporels. Secourez les voyageurs, les malades et les agonisants. Convertissez les hérétiques, les pécheurs, et éclairez les infidèles.

Dieu de bonté et de miséricorde, ayez aussi pitié des âmes des fidèles qui sont dans le Purgatoire. Mettez fin à leurs peines, et donnez à celles pour lesquelles je suis obligé de prier, le repos et la lumière éternelle. Ainsi soit-il.

LITANIES DE LA SAINTE VIERGE

Kyrie eleison.

Seigneur, ayez pitié de nous.

Christe eleison.

Jésus-Christ, ayez pitié de nous.

Kyrie eleison.

Sèigneur, ayez pitié de nous.

Christe, audi nos.

Jésus-Christ, écoutez-nous.

Christe, exaudi nos.

Jésus-Christ, exaucez-nous.

Pater de cœlis, Deus, miserere nobis.

Dieu le Père, du haut des cieux, ayez pitié de nous.

Fili, Redemptor mundi, Deus, miserere nobis.

Dieu le Fils, Rédempteur du monde, ayez pitié de nous.

Spiritus Sancte, Deus, miserere nobis.

Dieu le Saint-Esprit, ayez pitié de nous.

Sancta Trinitas, unus Deus, miserere nobis.

Trinité sainte, qui êtes un seul Dieu, ayez pitié de nous.

Sancta Maria, ora pro nobis,

Sainte Marie, priez pour nous.

Sancta Dei Genitrix,

Sainte Mère de Dieu,

Sancta Virgo virginum,

Sainte Vierge des vierges,

Mater Christi,

Mère de Jésus-Christ,

Mater divinæ gratiæ,

Mère de la divine grâce,

Mater purissima,

Mère très pure,

Mater castissima,

Mère très chaste,

Mater inviolata,

Mère sans tache,

Mater intemerata,

Mère toujours vierge,

Mater amabilis,

Mère aimable,

Mater admirabilis,

Mère admirable,

Mater Creatoris,

Mère du Créateur,

Mater Salvatoris,

Mère du Sauveur,

Virgo prudentissima,

Vierge très prudente,

Virgo veneranda,

Vierge vénérable,

Virgo prædicanda,

Vierge digne de louanges,

Virgo potens,

Vierge puissante,

Virgo clemens,

Vierge clémente,

Virgo fidelis,

Vierge fidèle,

Speculum justitiæ,

Miroir de justice.

Sedes sapientiæ,

Trône de la sagesse,

Causa nostræ lætitiæ,

Cause de notre joie,

Vas spirituale,

Demeure du Saint-Esprit,

Vas honorabile,

Vaisseau honorable,

Vas insigne devotionis,

Exemplaire de dévotion,

Rosa mystica,

Rose mystique,

Turris Davidica,

Tour de David,

Turris eburnea,

Tour d'ivoire,

Domus aurea,

Palais d'or,

Fœderis arca,

Arche d'alliance,

Janua cœli,

Porte du ciel,

Stella matutina,
Salus infirmorum,
Refugium peccatorum,
Consolatrix afffictorum,
Auxilium Christianorum,
Regina Angelorum,
Regina Patriarcharum,
Regina Prophetarum.
Regina Apostolorum,
Regina Martyrum,
Regina Confessorum,
Regina Virginum,
Regina Sanctorum omnium,
ora pro nobis.
Regina sine labe originali
concepta, ora pro nobis.
Regina sacratissimi Rosa-
rii, ora pro nobis.
Agnus Dei, qui tollis pec-
cata mundi, parce nobis,
Domine.
Agnus Dei, qui tollis pec-
cata mundi, exaudi nos,
Domine.
Agnus Dei, qui tollis pec-
cata mundi, miserere no-
bis.
Christe, audi nos.
Christe, exaudi nos.
℣ Ora pro nobis, sancta
Dei Genitix.
℟ Ut digni efficiamur
promissionibus Christi.

Etoile du matin,
Santé des infirmes,
Refuge des pécheurs,
Consolatrice des affligés,
Secours des chrétiens,
Reine des Anges,
Reine des Patriarches,
Reine des Prophètes,
Reine des Apôtres,
Reine des Martyrs,
Reine des Confesseurs,
Reine des Vierges,
Reine de tous les saints,
priez pour nous.
Reine conçue sans péché,
priez pour nous.
Reine du très saint Rô-
saire, priez pour nous.
Agneau de Dieu, qui effacez
les péchés du monde, par-
donnez-nous, Seigneur.
Agneau de Dieu qui effacez
les péchés du monde,
exaucez-nous, Seigneur.
Agneau de Dieu, qui effacez
les péchés du monde,
ayez pitié de nous.
Jésus-Christ, écoutez-nous.
Jésus-Christ, exaucez-nous.
℣ Priez pour nous, sainte
Mère Dieu.
℟. Pour nous rendre
dignes des promesses de
Jésus-Christ.

OREMUS

Defende, quæsumus, Do-
mine, Beata Maria semper
virgine intercedente, istam
ab omni adversitate fami-
liam, et toto corde tibi pros-
tratam, ab hostium pro-
pitius tuere clementer insidiis. Per Christum Dominum nostrum.

PRIONS

Seigneur, défendez, s'il
vous plaît, de tout mal, par
l'intercession de la B. Marie
toujours vierge, cette famille qui se prosterne devant vous de tout son cœur,
et délivrez-la par votre
miséricorde des pièges de
ses ennemis. Par J.-C.N.S.

Pour les âmes du Purgatoire.

De profundis clamavi ad te, Domine ; Domine, exaudi vocem meam.

Fiant aures tuæ indentes, in vocem deprecationis meæ.

Si iniquitates observaveris, Domine, Domine, quis sustinebit ?

Quia apud te propitiatio est, et propter legem tuam sustinui te, Domine.

Sustinuit anima mea, in verbo ejus, speravit anima mea in Domino.

A custodia matutina usque ad noctem, speret Israël in Domino.

Quia apud Dominum misericordia, et copiosa apud eum redemptio.

Et ipse redimet Israël ex omnibus iniquitatibus ejus.

Requiem æternam dona eis, Domine.

Et lux perpetua luceat eis.

Requiescant in pace. Amen.

OREMUS

Fidelium, Deus, omnium conditor et redemptor, animabus famulorum famularumque tuarum, remissionem cunctorum tribue peccatorum, ut indulgentiam quam semper optaverunt piis supplicationibus consequantur. Qui vivis et regnas in sæcula sæculorum. Amen.

LA CONFESSION

Les Pèlerins qui n'auraient pas pu se confesser avant leur départ, trouveront des confesseurs aux divers confessionnaux des sanctuaires, Ils feront bien de s'examiner avant leur arrivée à l'église.

ACTES

Se mettre en la présence de Dieu... Invoquer les lumières du Saint-Esprit pour connaître ses fautes... Examen de conscience... Acte de contrition... Ferme propos de ne plus pécher...

Confession simple, courte, sincère... Action de grâces à Jésus, qui daigne verser son sang sur nos âmes pour les purifier et leur pardonner.

LA COMMUNION

ACTES AVANT LA COMMUNION

Foi. Humilité.

Mon Seigneur et mon Dieu ! vous êtes vraiment un Dieu caché... Qu'est-ce donc que l'homme pour que vous daigniez le visiter ?

Domine, non sum dignus ut intres sub tectum meum, sed tantum dic verbo et sanabitur anima mea.

Crainte filiale.

Retirez-vous de moi, parce que je suis un pécheur.

Ayez confiance, mon fils, vos péchés vous sont remis.

Merci, mon Dieu, vous ne méprisez pas un cœur contrit et humilié.

Désir. Amour.

Vous avez désiré, Seigneur, manger cette Paque avec vos enfants... Mon cœur aspire à la manger avec vous. Venez, ô Jésus ! venez... Je crois, j'espère, j'aime. Amen.

ACTES APRÈS LA COMMUNION

Adoration.

Après la Cène, le disciple que Jésus aimait reposait sur son sein. Silence, mon âme, adore le Sauveur ton Dieu, et repose-toi dans son cœur.

Vacate et videte, quia ego sum Deus. (Ps. **45**.) — Demeurez en repos et considérez que c'est moi qui suis votre Dieu.

Amour.

Seigneur, vous connaissez toutes choses, vous savez que je vous aime... Pourquoi ne puis-je vous suivre, je suis prêt à donner ma vie pour vous !

Reconnaissance.

Que rendrai-je au Seigneur pour tous les biens dont il m'a comblé ? Je recevrai le calice... Que ma langue s'attache à mon palais, si je vous oublie, ô mon Dieu !... Ce n'est plus moi qui vis, c'est Jésus-Christ qui vit en moi.

Ferme propos.

Je suis fortement résolu, ô mon Dieu ! et je vous jure de garder les lois de votre justice. *Juravi et statui custodire judicia justitiæ tuæ..... Totus tibi in æternum.* Tout à vous à jamais.

LA MESSE

La grande prière d'expiation et de salut, c'est le saint sacrifice de la Messe. Assistons à la Messe en union avec la Victime adorable qui s'immole pour réparer les outrages faits à son Père, et pour sauver les nations comme les simples fidèles.

INTROIT

† C'est en votre nom, adorable Trinité, c'est pour vous rendre l'honneur et les hommages qui vous sont dus, que j'assiste au très saint et très auguste sacrifice.

Permettez-moi, divin Sauveur, de m'unir d'intention au ministre de vos autels pour offrir la précieuse victime de mon salut; et donnez-moi les sentiments que j'aurais dû avoir sur le Calvaire, si j'avais assisté au sacrifice sanglant de votre passion.

CONFITEOR

Je m'accuse devant vous, ô mon Dieu, de tous les péchés dont je suis coupable. Je m'en accuse en présence de Marie, la plus pure de toutes les vierges, de tous les saints et de tous les fidèles, parce que j'ai péché en pensées, en paroles, en actions, en omissions, par ma faute, oui par ma faute, et par ma très grande faute. C'est pourquoi je conjure la très sainte Vierge et tous les saints de vouloir bien intercéder pour moi.

Seigneur, écoutez favorablement ma prière, et accordez-moi l'indulgence, l'absolution et la rémission de tous mes péchés.

KYRIE

Kyrie, eleïson.	Seigneur, ayez pitié de nous.
Kyrie, eleïson.	
Kyrie, eleïson.	
Christe, eleïson.	Jésus-Christ, avez pitié de
Christe, eleïson.	nous.
Christe, eleïson.	
Kyrie, eleïson.	Seigneur, ayez pitié de nous.
Kyrie, eleïson.	
Kyrie, eleïson.	

GLORIA

Gloria in excelsis Deo ; Et in terra pax hominibus bonæ voluntatis, Laudamus te, Benedicimus te. Adoramus te. Glorificamus te. Gratias agimus tibi propter magnam gloriam tuam. Domine Deus, Rex celestis, Deus, Pater omnipotens. Domine , Fili unigenite, Jesu Christe. Domine Deus, Agnus Dei, Filius Patris. Qui tollis peccata mundi, miserere nobis. Qui tollis peccata mundi, suscipe deprecationem nostram Qui sedes ad dexteram Patris, miserere nobis. Quoniam tu solus Sanctus; Tu solus Dominus; Tu solus Altissimus, Jesu Christe, Cum Sancto Spiritu, in gloriâ Dei Patris. Amen.

Gloire à Dieu dans le ciel, et paix sur la terre aux hommes de bonne volonté. Nous vous louons, Seigneur; nous vous bénissons; nous vous adorons; nous vous glorifions ; nous vous rendons de très humbles actions de grâces, dans la vue de votre grande gloire, vous qui êtes le Seigneur, le souverain monarque, le Très-Haut, le seul vrai Dieu, le Père toutpuissant. Adorable Jésus, Fils unique du Père, Dieu et Seigneur de toutes choses. Agneau envoyé de Dieu pour effacer les péchés du monde, ayez pitié de nous; et du haut du ciel, où vous régnez avec votre père, jetez un regard de compassion sur nous. Sauvez-nous : vous êtes le seul qui le puissiez, Seigneur Jésus, parce que vous êtes le seul infiniment saint, infiniment puissant, infiniment adorable, avec le Saint-Esprit dans la gloire du Père. Ainsi soit-il.

ORAISON

Accordez-nous, Seigneur, par l'intercession de la Sainte Vierge et des saints que nous honorons, toutes les grâces que votre ministre vous demande pour lui et pour nous. M'unissant à lui, je vous fais la même prière pour ceux et celles pour lesquels je suis obligé de prier, et je vous demande, Seigneur, pour eux et pour moi, tous les secours que vous savez nous être nécessaires, afin d'obtenir la vie éternelle : au nom de Jésus-Christ notre Seigneur.

EPITRE

Mon Dieu, vous m'avez appelé à la connaissance de votre sainte loi, préférablement à tant de peuples qui vivent dans l'ignorance de vos mystères. Je l'accepte de tout mon cœur cette divine loi ; et j'écoute avec respect les oracles sacrés que vous avez prononcés par la bouche de vos prophètes. Je les révère avec toute la soumission qui est due à la parole d'un Dieu et j'en vois l'accomplissement avec toute la joie de mon âme.

Que n'ai-je pour vous, ô mon Dieu, un cœur semblable à celui des saints de votre Ancien Testament ! Que ne puis-je vous désirer avec l'ardeur des patriarches, vous connaître et vous révérer comme les prophètes, vous aimer et m'attacher uniquement à vous comme les apôtres !

EVANGILE

† Ce ne sont plus, ô mon Dieu, les prophètes ni les apôtres qui vont m'instruire de mes devoirs, c'est votre Fils unique, c'est sa parole que je vais entendre. Mais, hélas ! que me servira d'avoir cru

que c'est votre parole, Seigneur Jésus, si je n'agis pas conformément à ma croyance. Que me servira, lorsque je paraîtrai devant vous, d'avoir eu la foi sans le mérite de la charité et des bonnes œuvres ?

Je crois et je vis comme si je ne croyais pas, ou comme si je croyais un évangile contraire au vôtre. Ne me jugez pas, ô mon Dieu, sur cette opposition perpétuelle que je mets entre vos maximes et ma conduite. Je crois, mais inspirez-moi le courage et la force de pratiquer ce que je crois. A vous, Seigneur, en reviendra toute la gloire.

CREDO

Credo in unum Deum, Patrem omnipotentem, factorem cœli et terræ, visibilium omnium, et invisibilum. Et in unum Dominum Jesum Christum, Filium Dei unigenitum. Et ex Patre natum ante omnia sæcula : Deum de Deo, lumen de lumine, Deum verum de Deo vero : Genitum non factum, consubtantialem Patri, per quem omnia facta sunt : Qui propter nos homines et propter nostram salutem descendit de cœlis : et incarnatus est de Spiritu Sancto, ex Maria Virgine, ET HOMO FACTUS EST. Crucifixus etiam pro nobis sub Pontio Pilato, passus et sepultus est. Et resurrexit tertiâ die, secundum Scripturas : Et ascendit in cœlum, sedet ad dexteram Paris : Et iterum venturus est cum gloriâ judicare vivos et mor-

Je crois en un seul Dieu le Père tout-puissant, Créateur de l'univers ; en notre Seigneur Jésus-Christ son Fils unique, parfaitement semblable à lui ; saint, puissant, éternel, Dieu comme lui. Je crois que ce Fils adorable s'est fait homme pour l'amour de nous, qu'il a souffert, qu'il est mort, qu'il est ressuscité ; qu'il est monté au ciel, qu'il en descendra pour juger les hommes, et qu'ensuite il continuera un règne éternellement heureux.

Je crois au Saint-Esprit,

tuos : cujus regni non erit finis.

Et in Spiritum sanctum Dominum et vivificantem ; qui ex Patre Filioque procedit : Qui cum Patre et Filio simul adoratur, et conglorificatur ; Qui locutus est per Prophetas. Et Unam, Sanctam, Catholicam, et Apostolicam Ecclesiam. Confiteor unum baptisma in remissionem peccatorum. Et expecto resurrectionem mortuorum. Et vitam venturi sæculi.
Amen.

Dieu comme le Père et le Fils, procédant de l'un et de l'autre, et partageant la même gloire avec eux ; source de vie, auteur de la sanctification des hommes, et la lumière des prophètes. Je crois à une Église sainte, catholique, apostolique ; à un baptême institué pour la rémission des péchés, et, plein de confiance en la miséricorde de mon Dieu, j'attends la résurrection des morts, et la vie éternelle.
Ainsi soit-il.

OFFERTOIRE

Père infiniment saint, Dieu tout-puissant et éternel, quelque indigne que je sois de paraître devant vous, j'ose vous présenter cette hostie par les mains du prêtre, avec l'intention qu'a eue Jésus-Christ, mon Sauveur, lorsqu'il institua ce sacrifice, et qu'il a encore au moment où il s'immole ici pour moi.

Je vous l'offre pour reconnaître votre souverain domaine sur moi et sur toutes les créatures. Je vous l'offre pour l'expiation de mes péchés, et en actions de grâces de tous les bienfaits dont vous m'avez comblé.

Je vous l'offre, enfin, mon Dieu, cet auguste sacrifice, afin d'obtenir de votre infinie bonté, pour moi, pour mes parents, pour mes bienfaiteurs, mes amis et mes ennemis, ces grâces précieuses du salut, qui ne peuvent être accordées à un pécheur qu'en vue des mérites de celui qui est le juste par excellence, et qui s'est fait victime de propitiation pour tous.

Mais, en vous offrant cette adorable victime, je

vous recommande, ô mon Dieu, toute l'Eglise catholique, N. S. P. le Pape, notre Evêque, tous les pasteurs des âmes, nos gouvernants et leurs familles, les princes chrétiens et tous les peuples qui croient en vous.

Souvenez-vous aussi, Seigneur, des fidèles trépassés ; et, en considération des mérites de votre Fils, donnez-leur un lieu de rafraîchissement, de lumière et de paix.

N'oubliez pas, mon Dieu, vos ennemis et les miens ; ayez pitié de tous les infidèles, des hérétiques et de tous les pécheurs. Comblez de bénédictions ceux qui me persécutent, et pardonnez-moi mes péchés, comme je leur pardonne tout le mal qu'ils me font ou qu'ils voudraient me faire.

PRÉFACE

Voici l'heureux moment où le roi des anges et des hommes va paraître. Seigneur, remplissez-moi de votre esprit ; que mon cœur, dégagé de la terre, ne pense qu'à vous. Quelle obligation n'ai-je pas de vous bénir et de vous louer en tout temps et en tout lieu, Dieu du ciel et de la terre, Maître infiniment grand, Père tout-puissant et éternel !

Rien n'est plus juste, rien n'est plus avantageux, que de nous unir à Jésus-Christ pour vous adorer continuellement. C'est par lui que tous les esprits bienheureux rendent leurs hommages à votre majesté ; c'est par lui que toutes les vertus du ciel, saisies d'une frayeur respectueuse, s'unissent pour vous glorifier. Souffrez, Seigneur, que nous joignions nos faibles louanges à celles de ces saintes intelligences, et que de concert avec elles nous disions dans un transport de joie et d'admiration :

SANCTUS

Sanctus, Sanctus, Sanctus Dominus Deus Sabaoth. Pleni sunt cœli et terra gloriâ tuâ, Hosanna in excelsis! Benedictus qui venit in nomine Domini, Hosanna in excelsis !

Saint, Saint, Saint, est l Seigneur, le Dieu des ar mées. Tout l'univers est rempli de sa gloire. Que les bienheureux le bénissent dans le ciel. Béni soit celui qui nous vient sur la terre, Dieu et Seigneur comme celui qui l'envoie.

LE CANON

Nous vous conjurons au nom de Jésus-Christ, votre Fils et Notre Seigneur, ô Père infiniment miséricordieux, d'avoir pour agréable et de bénir l'offrande que nous vous présentons, afin qu'il vous plaise de conserver, de défendre et de gouverner votre sainte Eglise catholique, avec tous les membres qui la composent, le Pape, notre Evêque, et généralement tous ceux qui font profession de votre sainte foi.

Nous vous recommandons en particulier, Seigneur, ceux pour qui la justice, la reconnaissance et la charité nous obligent de prier; tous ceux qui sont ici présents à cet adorable sacrifice, et singulièrement N. et N. Et afin, grand Dieu, que nos hommages vous soient plus agréables, nous nous unissons à la glorieuse Marie toujours vierge, Mère de notre Dieu et Seigneur Jésus-Christ, à tous vos apôtres, à tous les bienheureux martyrs et à tous les saints qui composent avec nous une même Eglise.

Que n'ai-je en ce moment, ô mon Dieu, les désirs enflammés avec lesquels les saints patriarches souhaitaient la venue du Messie ! Que n'ai-je leur foi et leur amour ! Venez, Seigneur Jésus, venez, aimable réparateur du monde, venez accomplir un mystère qui est l'abrégé de toutes vos merveilles. Il vient, cet agneau de Dieu : voici l'adorable victime par qui tous les péchés sont effacés.

ÉLÉVATION

Verbe incarné, divin Jésus, vrai Dieu et vrai homme, je crois que vous êtes ici présent, je vous y adore avec humilité ; je vous aime de tout mon cœur ; et, comme vous y venez pour l'amour de moi, je me consacre entièrement à vous.

J'adore ce sang précieux que vous avez répandu pour tous les hommes ; et j'espère, ô mon Dieu, que vous ne l'aurez pas versé inutilement pour moi. Faites-moi la grâce de m'en appliquer les mérites. Je vous offre le mien, aimable Jésus, en reconnaissance de cette charité infinie que vous avez eue de donner le vôtre pour l'amour de moi.

SUITE DU CANON

Quelles seraient donc désormais ma malice et mon ingratitude, si, après avois vu ce que je vois, je consentais à vous offenser ! Non, mon Dieu, je n'oublierai jamais ce que vous me représentez par cette auguste cérémonie : les souffrances de votre passion, la gloire de votre résurrection, votre corps tout déchiré, votre sang répandu pour nous, réellement présent à mes yeux sur cet autel.

C'est maintenant, éternelle Majesté, que nous vous offrons de votre grâce véritablement et proprement la victime pure, sainte et sans tache, qu'il vous a plu de nous donner vous-même, et dont toutes les autres n'étaient que la figure. Oui, grand Dieu, nous osons vous le dire, il y a ici plus que tous les sacrifices d'Abel, d'Abraham et de Melchisédech ; la seule victime digne de votre autel, Notre Seigneur Jésus-Christ votre Fils, l'unique objet de vos éternelles complaisances.

Que tous ceux qui participent ici de la bouche ou du cœur à cette sacrée victime soient remplis de sa bénédiction.

Que cette bénédiction se répande, ô mon Dieu, sur les âmes des fidèles qui sont morts dans la paix de l'Eglise, et particulièrement sur l'âme de N. et de N. Accordez-leur, Seigneur, en vue de ce sacrifice, la délivrance entière de leurs peines.

Daignez nous accorder un jour aussi cette grâce à nous-mêmes, Père infiniment bon, et faites-nous entrer en société avec les saints Apôtres, les saints Martyrs et tous les Saints, afin que nous puissions vous aimer et vous glorifier éternellement avec eux. Ainsi-soit-il.

PATER NOSTER

Que je suis heureux, ô mon Dieu, de vous avoir pour père ! Que j'ai de joie de songer que le ciel où vous êtes doit être un jour ma demeure ! Que votre saint nom soit glorifié par toute la terre ! Régnez absolument sur tous les cœurs et sur toutes les volontés. Ne refusez pas à vos enfants la nourriture spirituelle et corporelle. Nous pardonnons de bon cœur, pardonnez-nous dans les tentations et dans les maux de cette misérable vie ; mais préservez-nous du péché, le plus grand de tous les maux. Ainsi soit-il.

AGNUS DEI

Agnus Déi, qui tollis peccáta mundi, miserere nobis.

Agnus Déi, qui tollis peccata mundi, miserere nobis.

Agneau de Dieu, immolé pour moi, ayez pitié de moi. Victime adorable de mon salut, sauvez-moi. Divin mé-

Agnus Dei, qui tollis peccata mundi, dona nobis pacem.

diateur, obtenez-moi ma grâce auprès de votre Père, donnez-moi votre paix.

COMMUNION

Qu'il me serait doux, ô mon aimable Sauveur, d'être du nombre de ces heureux chrétiens à qui la pureté de conscience et une tendre piété permettent d'approcher tous les jours de votre Sainte Table !

Quel avantage pour moi, si je pouvais en ce moment vous posséder dans mon cœur, vous y rendre mes hommages, vous y exposer mes besoins, et participer aux grâces que vous faites à ceux qui vous reçoivent réellement ! Mais, puisque j'en suis très indigne, suppléez, ô mon Dieu, à l'indisposition de mon âme. Pardonnez-moi tous mes péchés ; je les déteste de tout mon cœur, parce qu'ils vous déplaisent. Recevez le désir sincère que j'ai de m'unir à vous. Purifiez-moi d'un seul de vos regards, et mettez-moi en état de vous bien recevoir au plus tôt.

En attendant cet heureux jour, je vous conjure, Seigneur, de me faire participant des fruits que la communion du prêtre doit produire en tout le peuple fidèle qui est présent à ce sacrifice. Augmentez ma foi par la vertu de ce divin sacrement ; fortifiez mon espérance ; épurez en moi la charité ; remplissez mon cœur de votre amour, afin qu'il ne respire plus que vous, et qu'il ne vive plus que pour vous. Ainsi soit-il.

DERNIÈRE ORAISON

Vous venez, ô mon Dieu, de vous immoler pour mon salut, je veux me sacrifier pour votre gloire. Je suis votre victime, ne m'épargnez point. J'accepte de bon cœur toutes les croix qu'il vous plaira de m'envoyer, je les bénis, je les reçois de votre main, et je les unis à la vôtre.

Je sors purifié de vos saints mystères, je fuirai avec horreur les moindres taches du péché, surtout de celui où mon penchant m'entraîne avec plus de violence. Je serai fidèle à votre loi, et je suis résolu de tout perdre et tout souffrir, plutôt que de la violer.

BÉNÉDICTION

† Bénissez, ô mon Dieu, ces saintes résolutions ; bénissez-nous tous par la main de votre ministre, et que les effets de votre bénédiction demeurent éternellement sur nous, au nom du Père et du Fils, et du Saint-Esprit. Ainsi soit-il.

DERNIER ÉVANGILE

† Verbe divin, Fils unique du Père, lumière du monde, venue du ciel pour nous en montrer le chemin, ne permettez pas que je ressemble à ce peuple infidèle qui a refusé de vous reconnaître pour le Messie. Ne souffrez pas que je tombe dans le même aveuglement que ces malheureux, qui ont mieux aimé devenir esclaves de Satan que d'avoir part à la glorieuse adoption d'enfants de Dieu, que vous veniez leur procurer.

Verbe fait chair, je vous adore avec le respect le plus profond ; je mets toute ma confiance en vous seul, espérant fermement que, puisque vous êtes mon Dieu, et un Dieu qui s'est fait homme afin de sauver les hommes, vous m'accorderez les grâces nécessaires pour me sanctifier et vous posséder éternellement dans le ciel. Ainsi soit-il.

VÊPRES DE LA SAINTE VIERGE

Aperi... Pater... Ave...

℣. Deus, in adjutorium meum intende.

℟. Domine, ad adjuvandum me festina.

Gloria Patri...

Ant. Dum esset Rex* in acubitu suo, nardus mea dedit odorem suavitatis.

PSALMUS 106

Dixit Dominus Domino meo : * sede a dextris meis ;

Donec ponam inimicos tuos,* scabellum pedum tuorum.

Virgam virtutis tuæ emittet Dominus ex Sion;* dominare in medio inimicorum tuorum.

Tecum principium in die virtutis tuæ in splendoribus sanctorum :* ex utero ante luciferum genui te.

Juravit dominus, et non pœnitebit eum :* Tu es sacerdos in æternum, secundum ordinem Melchisedech.

Dominus a dextris tuis,* confregit in die iræ suæ reges.

Judicabit in nationibus, implebit ruinas :* conquassabit capita in terra multorum.

De torrente in via bibet :* propterea exaltabit caput.

Ant. Dum esset Rex in acubitu suo, nardus mea dedit odorem suavitatis.

Ant. Læva ejus* sub capite meo, et dextera illius amplexabitur me.

PSALMUS 112

Laudate, pueri, Dominum :* laudate nomen Domini.

Sit nomen Domini benedictum :* ex hoc nunc et usque in sæculum.

A solis ortu usque ad occasum* laudabile nomen Domini.

Excelsus super omnes gentes Dominus,* et super cœlos gloria ejus.

Quis sicut Dominus Deus noster, qui in altis habitat,* et humilia respicit in cœlo et in terra?

Suscitans a terra inopem,* et de stercore erigens pauperem.

Ut collocet eum cum principibus, cum principibus populi sui.

Qui habitare facit sterilem in domo,* matrem filiorum lætantem.

Ant. Læva ejus sub capite meo, et dextera illius amplexabitur me.

Ant. Nigra sum,* sed formosa, filiæ Jerusalem: ideo dilexit me Rex, et introduxit me in cubiculum suum.

PSALMUS 121

Lætatus sum in his quæ dicta sunt mihi :* In domum Domini ibimus.

Stantes erant pedes nostri* in atriis tuis Jerusalem.

Jerusalem quæ ædificatur ut civitas ;* cujus participatio ejus in idipsum.

Illuc enim ascenderunt tribus, tribus Domini :* testimonium Israel ad confitendum nomini Domini.

Quia illic sederunt sedes in judicio,* sedes super domum David.

Rogate quæ ad pacem sunt Jerusalem,* et abundantia dilligentibus te.

Fiat pax in virtute tua, * et abundantia in turribus tuis.

Propter fratres meos et proximos meos,* loquebar pacem de te.

Propter domum Domini Dei nostri, * quæsivi bona tibi.

Ant. Nigra sum, sed formosa, filiæ Jerusalem ; ideo dilexit me Rex, et introduxit me in cubiculum suum.

Ant. Jam hiems transiit , * imber abiit et recessit : surge, amica mea, et veni.

PSALMUS 126

Nisi dominus ædificaverit domum,* in vanum laboraverunt qui ædificant eam.

Nisi dominus custodierit civitatem : * frustra vigilat qui custodit eam.

Vanum est vobis ante lucem surgere ;* surgite postquam sederitis, qui manducatis panem doloris.

Cum dederit dilectis suis somnum,* ecce hæreditas Domini, filii : merces fructus ventris.

Sicut sagittæ in manu potentis ;* ita filii excussorum.

Beatus vir qui implevit desiderium suum ex ipsis, * non confundetur cum loquetur inimicis suis in porta.

Ant. Jam hiems transiit, imber abiit et recessit : surge, amica mea et veni.

Ant. Speciosa facta es* et suavis in deliciis tuis, sancta Dei Genitrix.

PSALMUS 147

Lauda Jerusalem, Dominum : * lauda Deum tuum, Sion.

Quoniam confortavit seras portarum tuarum : *
benedixit filiis tuis in te.

Qui posuit fines tuos pacem, * et adipe fru-
menti satiat te.

Qui emittit eloquium suum terræ, * velociter
currit sermo ejus.

Qui dat nivem sicut lanam, * nebulam sicut
cinerem spargit.

Mittit cristallum suam sicut buccellas : * ante
faciem frigoris ejus quis sustinebit ?

Emittet verbum suum et liquefaciet ea : * flabit
spiritus ejus, et fluent aquæ.

Qui annuntiat verbum suum Jacob, * justitias
et judicia sua Israel.

Non fecit taliter omni nationi, * et judicia sua
non manifestavit eis.

Ant. Speciosa facta es et suavis in deliciis tuis,
sancta Dei Genitrix.

CAP. — Ab initio et ante sæcula creata sum, et
usque ad futurum sæculum non desinam, et in
habitatione sancta coram ipso ministravi.

HYMNUS

Ave, maris stella,
Dei Mater alma,
Atque semper virgo,
Felix cœli porta.

Sumens illud Ave
Gabrielis ore
Funda nos in pace,
Mutans Evæ nomen.

Solve vincla reis,
Profer lumen cæcis,
Mala nostra pelle,
Bona cuncta posce,

Monstra te esse matrem,
Sumat per te preces,
Qui pro nobis natus,
Tulit esse tuus.

Virgo singularis.
Inter omnes mitis,
Nos culpis solutos,
Mites fac et castos.

Vitam præsta puram,
Iter para tutum,
Ut videntes Jesum,
Semper collætemur.

Sit laus Deo Patri,
Summo Christo decus,
Spiritui sancto,
Tribus honor unus. — Amen.

℣ Dignare me laudare te, Virgo sacrata.
℟ Da mihi virtutem contra hostes tuos.

Ad Magnif. Ant. Sancta Maria, succurre miseris, juva pusillanimes, refove flebiles, ora pro populo, interveni pro clero, intercede pro devoto femineo sexu : sentiant omnes tuum juvamen, quicumque celebrant tuam sanctam Commemorationem.

CANTICUM B. M.

Magnificat* anima mea Dominum :
Et exultavit spiritus meus* in Deo salutari meo,
Quia respexit humilitatem ancillæ suæ :* ecce enim ex hoc beatam me dicent omnes generationes.
Quia fecit mihi magna qui potens est,* et sanctum nomen ejus.
Et misericordia ejus a progenie in progenies* timentibus eum.

Fecit potentiam in brachio suo :* dispersit superbos mente cordis sui.

Deposuit potentes de sede,* et exaltavit humiles.

Esurientes implevit bonis,* et divites dimisit inanes.

Suscepit Israël puerum suum,* recordatus misericordiæ suæ.

Sicut locutus est ad patres nostros,* Abraham et semini ejus in sæcula.

Gloria Patri.

Ant. Sancta Maria, etc.

ORATIO

Concede nos famulos tuos, quæsumus, Domine Deus, perpetua mentis et corporis sanitate gaudere : et gloriosa beatæ Mariæ semper Virginis intercessione, a præsenti liberari tristitia, et æterna perfrui lætitia. Per Dominum.

ANTIPHONA

Salve, Regina, Mater misericordiæ; vita, dulcedo et spes nostra, salve. Ad te clamamus, exsules filii Evæ. Ad te suspiramus, gementes et flentes in hac lacrymarum valle. Eia ergo, advocata nostra, illos tuos misericordes oculos ad nos converte. Et Jesum, benedictum fructum ventris tui, nobis post hoc exsilium ostende. O clemens, o pia, o dulcis Virgo Maria !

℣ Ora pro nobis sancta Dei Genitrix.

℟ Ut digni efficiamur promissionibus Christi.

Oremus.

Omnipotens sempiterne Deus, qui gloriosæ Virginis Matris Mariæ corpus et animam, ut dignum Filii tui habitaculum effici mereretur, Spi-

— 45 —

ritu sancto cooperante, præparasti : dá, ut cujus
commemoratione lætamur, ejus pia intercessione
ab instantibus malis et a morte perpetuá liberemur. Per eumdem Christum Dominum nôstrum.
Amen.

℣ Divinum auxilium maneat semper nosbiscum. ℟ Amen.

MOTETS ET PRIÈRES

Pour le salut du Saint-Sacrement.

HYMNE

Pange, lingua, gloriosi
Corporis Mysterium
Sanguinisque pretiosi,
Quem in mundi pretium
Fructus ventris generosi,
Rex effudit gentium.

Nobis datus, nobis natus
Ex intacta Virgine,
Et in mundo conversatus,
Sparso Verbi semine.
Sui moras incolatus
Miro clausit ordine.

In supremæ nocte cœnæ
Recumbens cum fratribus.
Observata lege plene,
Cibis in legalibus,
Cibum turbæ duodenæ
Se dat suis manibus.

Verbum caro panem verum
Verbo carnem efficit,

Fitque sanguis Christi merum ;
Et si sensus deficit,
Ad firmandum cor sincerum
Sola fides sufficit.

Tantum ergo Sacramentum
Veneremur cernui ;
Et antiquum documentum
Novo cedat ritui,
Præstet fides supplementum
Sensuum defectui.

Genitori Genitoque
Laus et jubilatio :
Salus, honor, virtus quoque,
Sit et benedictio :
Procedenti ab utroque
Compar sit laudatio. — Amen.

℣ Panem de cœlo præstitisti eis.
℟ Omne delectamentum in se habentem.

Oremus.

Deus, qui nobis sub Sacramento mirabili passionis tuæ memoriam reliquisti; tribue, quæsumus, ita nos Corporis et Sanguinis tui sacra mysteria venerari, ut redemptionis tuæ fructum in nobis jugiter sentiamus. Qui vivis.

O sacrum convivium, in quo Christus sumitur, recolitur memoria passionis ejus, mens impletur gratia; et futuræ gloriæ nobis pignus datur. Alleluia.

O Salutaris Hostia,
Quæ cœli pandis ostium !
Bella premunt hostilia,
Da robur, fer auxilium.

Uni trinoque Domino
Sit sempiterna gloria,
Qui vitam sine termino
Nobis donet in patria. Amen.

Ave, verum Corpus natum
De Maria Virgine,
Vere passum, immolatum
In cruce pro homine ;
Cujus latus perforatum
Fluxit aqua et sanguine.
Esto nobis prægustatum
Mortis in examine.
O Jesu dulcis !
O Jesu pie !
O Jesu fili Mariæ !
Tu nobis miserere. Amen.

Panis angelicus fit panis hominum,
Dat panis cœlicus figuris terminum.
O res mirabilis ! manducat Dominum
Pauper servus et humilis.

Te, trina Deitas unaque, poscimus,
Sic nos tu visita, sicut te colimus,
Per tuas semitas duc nos quo tendimus,
Ad lucem quam inhabitas. Amen.

Adoro te devote, latens Deitas,
Quæ sub his figuris vere latitas :
Tibi se cor meum totum subjicit,
Quia te contemplans totum deficit. Amen.

Laudate Dominum, omnes gentes, * laudate eum omnes populi.

Quoniam confirmata est super nos misericordia ejus, * et veritas Domini manet in æternum.

Gloria Patri, et Filio, * et Spiritui sancto.

Sicut erat in principio, et nunc, et semper, * et in sæcula sæculorum. Amen.

Parce, Domine, parce populo tuo ; ne in æternum irascaris nobis. (*Trois fois.*)

Cor Jesu sacratissimum, miserere nobis. (*Trois fois.*)

Sub tuum præsidium confugimus, sancta Dei Genitrix ; nostras deprecationes ne despicias in necessitabus, sed a periculis cunctis libera nos semper, Virgo gloriosa et benedicta.

Inviolata, integra et casta es, Maria,
Quæ es effecta fulgida cœli porta.
O mater alma Christi carissima !
Suscipe pia laudum præconia,
Quæ nunc devota flagitant corda et ora,
Nostra ut pura pectora sint et corpora.
Tua per precata dulcisona,
Nobis concedas veniam per sæcula.
O benigna ! o Regina ! o Maria !
Quæ sola inviolata permansisti. Amen.

PRIÈRE DE SAINT BERNARD A LA SAINTE VIERGE

Memorare, ô piissima Virgo Maria ! nunquam esse auditum a sæculo, quemquam ad tua currentem præsidia, tua implorantem auxilia, tua petentem suffragia, esse derelictum. Ego tali animatus fiducia, ad te Virgo virginum, Mater, curro, ad te confugio, et coram te gemens peccator assisto : noli, Mater Verbi, verba mea despicere, sed audi propitia, et exaudi.

Souvenez-vous, ô très miséricordieuse Vierge Marie, qu'on n'a jamais ouï dire qu'aucun de ceux qui ont eu recours à votre protection, imploré votre secours et demandé vos suffrages ait été abandonné. Animé d'une pareille confiance, ô Vierge des Vierges ! je cours à vous, et, gémissant sous le poids de mes péchés, je me prosterne à vos pieds. O Mère du Verbe ! ne méprisez pas mes prières, mais écoutez-les favorablement, et daignez les exaucer.

ORAISON CONTRE LES PERSÉCUTEURS DE L'ÉGLISE

℣ Salvum fac populum tuum, Domine.

℟ Et benedic hæreditati tuæ, ⋅

Oremus.

Ecclesiæ tuæ, quæsumus, Domine preces placatus admitte : ut, destructis adversitatibus et erroribus universis, secura tibi serviat libertate. Per Dominum.

_____

POUR LE PAPE

℣ Oremus pro Pontifice nostro Leone.

℟ Dominus conservet eum, et vivificet eum, et beatum faciat eum in terra, et non tradat eum in animam inimicorum ejus.

Oremus.

Deus omnium fidelium pastor et rector, famulum tuum Leonem, quem pastorem Ecclesiæ tuæ præesse voluisti, propitius respice : da ei, quæsumus, verbo et exemplo, quibus præest proficere, ut ad vitam, una cum grege sibi credito, perveniat sempiternam. Per Christum Dominum nostrum.

℣ Ora pro nobis, santa Dei Genitrix.
℟ Ut digni efficiamur promissionibus Christi.

Oremus.

Famulorum tuorum, quæsumus, Domine, delictis ignosce : ut qui tibi placere de actibus nostris non valemus, Genitricis Filii tui Domini nostri intercessione salvemur. Per eumdem Christum...

HYMNE

Veni, Creator Spiritus,
Mentes tuorum visita :
Imple superna gratia,
Quæ tu creasti pectora.

Qui diceris Paraclitus,
Altissimi donum Dei,
Fons vivus, ignis, caritas,
Et Spiritalis unctio.

Tu septiformis munere,
Digitus paternæ dexteræ,
Tu, rite promissum Patris,
Sermone ditans guttura.

Accende lumen sensibus ;
Infunde amorem cordibus ;
Infirma nostri corporis
Virtute firmans perpeti.

Hostem repellas longius,
Pacemque dones protinus,
Ductore sic te prævio,
Vitemus omne noxium.

Per te sciamus da Patrem,
Noscamus atque Filium,
Teque utriusque Spiritum
Credamus omni tempore.

Deo patri sit gloria,
Ejusque soli Filio
Cum Spiritu Paraclito,
Nunc et per omne sæculum. Amen.

℣ Emitte Spiritum tuum et creabuntur.
℟ Et renovabis faciem terræ.

Oremus

Deus, qui corda fidelium Sancti Spiritus illus-
tratione docuisti, da nobis in eodem Spiritu recta
sapere, et de ejus semper consolatione gaudere.
Per Christum Dominum nostrum.

CANTIQUE D'ACTIONS DE GRACES

Te Deum laudamus, * te Dominum confitemur,
Te æternum Patrem, * omnis terra veneratur,
Tibi omnes angeli, * tibi cœli et universæ po-
testates.
Tibi Cherubim et Seraphim * incessabili voce
proclamant :
Sanctus,
Sanctus,
Sanctus, Dominus * Deus Sabaoth,
Pleni sunt cœli et terra * majestatis gloriæ tuæ.
Te gloriosus * Apostolorum chorus,
Te Prophetarum * laudabilis numerus,
Te Martyrum candidatus * laudat exercitus.

Te per orbem terrarum * sancta confitetur Ecclesia.

Patrem * immensæ majestatis,

Venerandum tuum verum * et unicum Filium.

Sanctum quoque * Paraclitum Spiritum.

Tu Rex gloriæ, Christe !

Tu Patris * sempiternus es Filius.

Tu, ad liberandum suscepturus hominem, * non horruisti Virginis uterum.

Tu, devicto mortis acculeo, * aperuisti credentibus regna cœlorum.

Tu ad dexteram Dei sedes * in gloria Patris.

Judex crederis * esse venturus.

Te ergo, quæsumus, famulis tuis subveni, quos pretioso sanguine redemisti.

Æterna fac, cum sanctis tuis in gloria numerari.

Salvum fac populum tuum, Domine : * et benedic hæreditati tuæ.

Et rege eos, et extolle illos usque in æternum.

Per singulos dies * benedicimus te.

Et laudamus nomem tuum in sæculum, * et in sæculum sæculi.

Dignare, Domine, die isto, * sine peccato nos custodire.

Miserere nostri, Domine ; miserere nostri.

Fiat misericordia tua, Domine, super nos * quemadmodum speravimus in te.

In te, Domine speravi : * non confundar in æternum.

℣ Benedicamus Patrem, et Filium, cum sancto Spiritu.

℟ Laudemus et superexaltemus eum in sæcula.

Oremus.

Deus, cujus misericordiæ non est numerus et bonitatis infinitus est thesaurus, piissimæ majes-

tati tuæ pro collatis donis gratias agimus, tuam
semper clementiam exorantes ; ut, qui petentibus
postulata concedis, eosdem non deserens, ad
præmia futura disponas. Per Dominum.

LITANIES DES SAINTS

Kyrie, eleison.
Christe, eleison.
Kyrie eleison.
Christe, audi nos.
Christe, exaudi nos.

Pater de cœlis, Deus,	miserere nobis.
Fili, Redemptor mundi, Deus,	—
Spiritus Sancte, Deus,	—
Sancta Trinitas unus Deus,	—
Sancta Maria,	ora pro nobis.
Sancta Dei Genitrix,	—
Sancta Virgo virginum,	—
Sancte Michael,	—
Sancte Gabriel,	—
Sancte Raphael,	—

Omnes Sancti Angeli et Archangeli, orate pro-
    nobis.
Omnes sancti beatorum Spirituum ordines, orate
    pro nobis.

Sancte Joannes Baptista,	ora pro nobis.
Sancte Joseph,	—

Omnes sancti Patriarchæ et prophetæ, orate pro
    nobis,

Sancte Petre,	ora pro nobis.
Sancte Paule,	—
Sancte Jacobe,	—
Sancte Joannes,	—

Sancte Thoma,	ora pro nobis.
Sancte Jacobe,	—
Sancte Philippe,	—
Sancte Bartholomæe,	—
Sancte Mattæe,	—
Sancte Simon,	—
Sancte Taddæe,	—
Sancte Mathia,	—
Sancte Barnaba,	—
Sancte Luca,	—
Sancte Marce,	—

Omnes sancti Apostoli et Evangelistæ, orate pro nobis.

Omnes sancti Discipuli Domini, orate pro nobis.

Omnes sancti innocentes,	—
Sancte Stephane,	ora pro nobis.
Sancte Laurenti,	—
Sancte Vincenti,	—

Sancti Fabiane et Sebastiane, orate pro nobis.

Sancti Joannes et Paule,	—
Sancti Cosma et Damiane,	—
Sancti Gervasi et Protasi,	—
Omnes Sancti Martyres,	—
Sancte Sylvester,	ora pro nobis.
Sancte Gregori,	—
Sancte Ambrosi,	—
Sancte Augustine,	—
Sancte Hieronyme,	—
Sancte Martine,	—
Sancte Nicolae,	—

Omnes sancti Pontifices et Confessores, orate pro nobis.

Omnes sancti Doctores,	orate pro nobis.
Sancte Antoni,	ora pro nobis.
Sancte Benedicte,	—
Sancte Bernarde,	—

Sancte Dominice,   ora pro nobis.
Sancte Francisce,   —
Omnes sancti Sacerdotes et Levitæ, orate pro nobis.
Omnes Sancti Monachi et Eremitæ,   —
Sancta Maria Magdalena,   ora pro nobis.
Sancta Agatha,   —
Sancta Lucia,   —
Sancta Agnes,   —
Sancta Cæcilia,   —
Sancta Catharina,   —
Sancta Anastasia,   —
Omnes sancti Virgines et Viduæ, orate pro nobis.
Omnes Sancti et Sanctæ Dei, intercedite pro nobis.
Propitius esto, parce nobis, Domine.
Propitius esto, exaudi nos, Domine.
Ab omni malo,   libera nos, Domine.
Ab omni peccato,   —
Ab ira tua,   —
A subitanea et improvisa morte,   —
Ab insidiis diaboli,   —
Ab ira, et odio, et omni mala voluntate, lib.
A spiritu fornicationis,   —
A fulgure et tempestate,   —
A morte perpetua,   —
Per mysterium sanctæ Incarnationis tuæ, lib.
Per adventum tuum,   libera nos, Domine.
Per navitatem tuam,   —
Per Baptismum et sanctum Jejunium tuum, lib.
Per Crucem et passionem tuam, libera nos, Dom.
Per Mortem et Sepulturam tuam,   —
Per sanctam Resurrectionem tuam,   —
Per admirabilem Ascensionem tuam.   —
Per adventum Spiritus Sancti Paracliti,   —
In die judicii   —
Peccatores,   te rogamus, audi nos.
Ut nobis parcas,   —

Ut nobis indulgeas, te rogamus, audinos.

Ut ad veram pœnitentiam nos perducere digneris,

Ut Ecclesiam tuam sanctam regere et conservare digneris,

Ut domnum apostolicum et omnes ecclesiasticos ordines in sancta religione conservare digneris,

Ut inimicos Sanctæ Ecclesiæ humiliare digneris,

Ut cuncto populo christiano pacem et unitatem largiri digneris,

Ut nosmetipsos in tuo sancto servitio confortare et conservare digneris,

Ut mentes nostras ad cœlestia desideria erigas,

Ut omnibus benefactoribus nostris sempiterna bona retribuas,

Ut animas nostras, fratrum propinquorum et benefactorum nostrorum ab æterna damnatione eripias,

Ut fructus terræ dare et conservare digneris,

Ut omnibus fidelibus defunctis requiem æternam donare digneris,

Ut nos exaudire digneris.

Fili Dei, te rogamus, audi nos.

Agnus Dei, qui tollis peccata mundi, parce nobis, Domine.

Agnus Dei, qui tollis peccata mundi, exaudi nos, Domine.

Agnus Dei, qui tollis peccata mundi, miserere nobis.

Christe, audi nos.

Christe, exaudi nos.

Kyrie, eleison.

Christe, eleison.

Kyrie, eleison,

Pater noster, etc.

℟. Et ne nos inducas in tentationem.

℣. Sed libera nos a malo.

PSALMUS 69.

Deus, in adjutorium meum intende : Domine, ad adjuvandum me festina.

Confundantur et revereantur, qui quærunt animam meam.

Avertantur retrorsum et erubescant, qui volunt mihi mala.

Avertantur statim erubescentes, qui dicunt mihi : Euge, euge.

Exultent et lætentur in te omnes qui quærunt te, et dicant semper : Magnificetur Dominus, qui diligunt salutare tuum.

Ego vero egenus et pauper sum : Deus adjuva me.

Adjutor meus et liberator meus es tu : Domine, ne moreris.

Gloria Patri.

℣. Salvos fac servos tuos.

℟. Deus meus, sperantes in te.

℣. Esto nobis, Domine, turris fortitudinis;

℟. A facie inimici.

℣. Nihil proficiat inimicus in nobis;

℟. Et filius iniquitatis non apponat nocere nobis.

℣. Domine, non secundum peccata nostra facias nobis.

℟. Neque secundum iniquitates nostras retribuas nobis.

℣. Oremus pro pontifice nostro Leone.

℟. Dominus conservet eum et vivificet eum, et beatum faciat eum in terra, et non tradat eum in animam inimicorum ejus.

℣. Oremus pro benefactoribus nostris.

℟. Retribuere dignare, domine, omnibus nobis bona facientibus propter nomen tuum, vitam æternam. Amen.

℣. Oremus pro fidelibus defunctis.

℟. Requiem æternam dona eis, Domine, et lux perpetua luceat eis.

℣. Requiescant in pace. ℟. Amen.

℣. Oremus pro fratribus nostris absentibus :

℟. Salvos fac servos tuos, Deus meus, sperantes in te.

℣. Mitte eis, Domine, auxilium de sancto.

℟. Et de Sion tuere eos.

℣. Domine, exaudi orationem meam.

℟. Et clamor meus ad te veniat.

℣. Dominus vobiscum.

℟. Et cum spiritu tuo.

Oremus.

Deus cui proprium est misereri semper et parcere, suscipe deprecationem nostram : ut nos, et omnes famulos tuos, quos delictorum catena constringit, miseratio tuæ pietatis clementer absolvat.

Exaudi, quæsumus, Domine, supplicum preces, et confitentium tibi parce peccatis, ut pariter nobis indulgentiam tribuas benignus et pacem.

Ineffabilem nobis, Domine, misericordiam tuam clementer ostende : ut simul nos et a peccatis omnibus exuas, et a pœnis quas pro his meremur eripias.

Deus, qui culpa offenderis, pœnitentia placaris, preces populi tui supplicantis propitius respice ; et flagella tuæ iracundiæ, quæ pro peccatis nostris meremur, averte.

Omnipotens sempiterne Deus ; miserere famulo tuo Pontifici nostro Leoni, et dirige eum secundum tuam clementiam in viam salutis æternæ ; ut, te donante, tibi placita cupiat, et tota virtute perficiat.

Deus, a quo sancta desideria, recta consilia, et

justa sunt opera : da servis tuis illam quam mundus dare non potest pacem, ut et corda nostra mandatis tuis dedita, et hostium sublata formidine, tempora sint tua protectione tranquilla.

Ure igne Sancti Spiritus renes nostros, et cor nostrum, Domine ; ut tibi casto corpore serviamus et mundo corde placeamus.

Fidelium, Deus, omnium conditor et redemptor, animabus famulorum famularumque tuarum remissionem cunctorum tribue peccatorum ; ut indulgentiam quam semper optaverunt, piis supplicationibus consequantur.

Actiones nostras, quæsumus, Domine, aspirando præveni, et adjuvando prosequere : ut cuncta nostra oratio et operatio a te semper incipiat, et per te cœpta finiatur.

Omnipotens sempiterne Deus, qui vivorum dominaris simul et mortuorum, omniumque misereris, quos tuos fide et opere futuros esse prænoscis, te supplices exoramus : ut pro quibus effundere preces decrevimus, quosque vel præsens sæculum adhuc in carne retinet, vel futurum, jam exutos corpore, suscepit, intercedentibus omnibus sanctis tuis, pietatis tuæ clementia, omnium delictorum suorum veniam consequantur. Per Dominum.

℣. Dominus vobiscum.

℞. Et cum spiritu tuo.

℣. Exaudiat nos omnipotens et misericors Dominus. ℞. Amen.

℣. Fidelium animæ per misericordiam Dei requiescant in pace. ℞. Amen.

PSAUME MISERERE

Miserere mei Deus, * secundum magnam misericordiam tuam.

Et secundum multitudinem miserationum tuarum, * dele iniquitatem meam.

Amplius lava me ab iniquitate mea, * et a peccato meo munda me.

Quoniam iniquitatem meam ego cognosco, * et peccatum meum contra me est semper.

Tibi soli peccavi, et malum coram te feci : * ut justificeris in sermonibus tuis, et vincas cum judicaris.

Ecce enim in iniquitatibus conceptus sum, * et in peccatis concepit me mater mea.

Ecce enim veritatem dilexisti : * incerta et occulta sapientiæ tuæ manifestasti mihi.

Asperges me hyssopo, et mundabor, * lavabis me et super nivem dealbabor.

Auditui meo dabis gaudium et lætitiam, * et exultabunt ossa humiliata.

Averte faciem tuam a peccatis meis * et omnes iniquitates meas dele.

Cor mundum crea in me, Deus, * et spiritum rectum innova in visceribus meis.

Ne projicias me a facie tua, * et spiritum sanctum tuum ne auferas a me.

Redde mihi lætitiam salutaris tui, * et spiritu principali confirma me.

Docebo iniquos vias tuas, * et impii ad te convertentur.

Libera me de sanguinibus, Deus, Deus salutis meæ, * et exultabit lingua mea justitiam tuam.

Domine labia mea aperies, * et os meum annuntiabit laudem tuam.

Quoniam si voluisses sacrificium, dedissem utique ; * holocaustis non delectaberis.

Sacrificium Deo spiritus contribulatus ; * cor contritum et humiliatum, Deus, non despicies.

Benigne fac, Domine, in bona voluntate tua Sion, * ut ædificentur muri Jerusalem.

Tunc acceptabis sacrificium justitiæ, oblationes et holocausta; tunc imponent super altare tuum vitulos.

Gloria Patri, etc.

℣. Domine, non secundum peccata nostra retribuas nobis.

℟. Neque secundum iniquitates nostras facias nobis.

Oremus.

Deus, qui culpa offenderis, pœnitentia placaris; preces populi tui supplicantis propitius respice; et flagella tuæ iracundiæ quæ pro peccatis nostris meremur, averte. Per Christum.

LE SAINT ROSAIRE

I. *Ce qu'il est.* — Le Rosaire est une admirable dévotion inspirée par la très sainte Vierge à saint Dominique, au commencement du XIII° siècle.

Cette dévotion consiste à réciter quinze dizaines d'*Ave Maria*, chacune précédée d'un *Pater* et suivie d'un *Gloria Patri,* en joignant à cette récitation la méditation des quinze principaux mystères de la vie de Jésus et de Marie.

Les quinzes dizaines du Rosaire sont divisées en trois séries ou *chapelets,* composées chacune de cinq dizaines, auxquelles correspondent cinq des principaux mystères de notre foi.

On ne peut pas substituer à la méditation de ces quinze mystères des considérations sur d'autres sujets pieux qui ne s'y rattachent pas directement. (S. Cong. Ind. 13 août 1726.)

II. *Son excellence.* — Partout où fleurit la piété, le Rosaire se retrouve, et il doit avoir une des

premières places dans le cœur des pèlerins de
Lourdes, où Marie apparut le Rosaire à la main,
apprenant et encourageant Bernadette à le dire.

III. *Son opportunité.* — De même qu'il fut
donné par la Mère de Dieu à saint Dominique
pour l'aider à vaincre les Albigeois, qui étaient
alors les ennemis les plus redoutables de l'Eglise
et de la France, de même nous a-t-il été présenté
par Marie à la Grotte de Lourdes pour être notre
arme victorieuse contre les ennemis des temps
modernes, la Révolution et la Franc-maçonne-
rie.

Pie IX, de sainte mémoire, disait : *Je fonde sur
le Rosaire mes plus chères espérances pour le
triomphe de la sainte Eglise.* Tous les ans S. S.
Léon XIII insiste de toute son autorité suprême
sur cette incomparable dévotion : *Nous exhortons
tous les fidèles,* dit-il, *nous les conjurons de prendre ou de conserver la pieuse habitude de réciter
chaque jour le Rosaire. Nous avons aujourd'hui
autant besoin du secours divin qu'à l'époque où
le grand Dominique leva l'étendard du Rosaire
de Marie, dans le but de guérir les maux de son
époque.*

Pie IX et Léon XIII ne sont d'ailleurs que les
échos des nombreux pontifes leurs prédécesseurs.
Urbain VIII disait du Rosaire : *Il accroit le chris-
tianisme.* — S. Pie V : *Il chasse les ténèbres de
l'hérésie.* — Clément VIII : *Il sauve les fidèles.* —
Grégoire XIII : *Il apaise la colère de Dieu.* —
Paul V : *Il est un trésor de grâces.* — Jules II : *Il
est l'ornement de l'église romaine.*

IV. *Ses avantages.* — En récitant le Rosaire
entier, les fidèles gagnent, s'ils sont membres
d'une Confrérie du Rosaire, toutes les indulgences
de la couronne d'Espagne; *50 ans* en disant le

tiers du Rosaire dans l'église de la confrérie ;
5 ans et 5 quarantaines, pour prononcer le saint
nom de Jésus après chaque *Ave Maria; 100 jours*
pour chaque *Pater* et *Ave*, s'ils récitent au moins
un chapelet ; *10 ans et 10 quarantaines* pour réciter le Rosaire avec d'autres, etc.

V. *Manière de le réciter*. — 1º Dans la récitation
du saint Rosaire, chaque dizaine doit rappeler,
au moins par une brève formule, le souvenir du
mystère qu'elle a pour but d'honorer.

2º Il est bon et utile de joindre à chacune d'elles,
quand cela est possible, une intention spéciale de
prières.

3º On peut aussi, si les circonstances s'y prê-
tent, faire précéder chaque dizaine d'un, ou de
plusieurs couplets de cantique.

C'est d'après cette méthode qu'est formulé
l'exercice suivant, à l'usage des pèlerins de Notre-
Dame de Lourdes.

I

MYSTÈRES JOYEUX

Intention générale de la première partie du
Rosaire : L'Eglise et le Pape.

1ᵉʳ Mystère joyeux. — L'Annonciation.

Sur l'air *du cantique de Lourdes.*

L'Ange vous salue
Vierge d'Israël ;
Il dit la venue
Du Verbe éternel !

Ave, ave, ave Maria !

Parole féconde ;
Fiat bienheureux ;

Vous sauvez le monde,
Vous rouvrez les Cieux,

Ave, ave, ave Maria !

Saluons, avec l'Ange, Marie et sa pureté sans tache.
Prions pour l'exaltation de notre Sainte Mère l'Eglise,
contre laquelle, malgré toutes les épreuves, les portes de
l'enfer ne prévaudront jamais.

Récitation de la dizaine.

2e *Mystère joyeux.* — La Visitation.

Ah ! d'un pas rapide
Quittez Nazareth,
L'esprit-Saint vous guide
Chez Elisabeth.

Ave, etc.

Dieu bénit par Elle
Le saint Précurseur...
La Vierge fidèle
Chante son bonheur.

Ave, etc.

La charité de Marie ne recule devant aucun sacrifice.
Prions pour le Souverain Pontife, vicaire de Jésus-Christ,
chargé par lui de régir et gouverner son Eglise sur la terre.

Récitation de la dizaine.

3e *Mystère joyeux.* — La nativité de N. S.

Le Sauveur va naître !
La terre et le ciel
Acclament leur maître
Devenu mortel.

Ave, etc.

Vierge, dans la crèche
Vous mettez Jésus.
Par vous il nous prêche
Toutes les vertus.

Ave, etc.

La maternité divine met le sceau aux gloires de Marie.

Que Dieu accorde aux peuples chrétiens la paix, tranquillité de l'ordre, promise à la naissance du Sauveur.

Récitation de la dizaine.

4e *Mystère joyeux*. — La Purification.

> Au Temple, Marie
> Porte l'Enfant-Dieu,
> Et se purifie
> Au seuil du Saint Lieu !

Ave, etc

> Tes accents sublimes,
> Vieillard Siméon,
> De ces deux victimes
> Bénissent le nom !

Ave, etc.

Marie se soumet aux prescriptions d'une loi qui n'était pas faite pour elle.

Prions pour l'extirpation des hérésies ; que l'humilité de Marie triomphe de leur orgueil.

Récitation de la dizaine.

5e *Mystère joyeux*. — Jésus retrouvé.

> Divine allégresse ;
> L'Enfant disparu
> A votre tendresse
> Vient d'être rendu.

Ave, etc.

> Mère, à votre exemple,
> Le pauvre pécheur
> Saura dans le Temple
> Trouver le Seigneur..

Ave, etc.

Quel bonheur pour Marie de revoir Jésus, qu'elle retrouve dans le Temple !

Prions pour la conversion des pécheurs. Que Marie, leur refuge, incline vers eux le Cœur de Jésus son divin Fils.

Récitation de la dizaine.

II

MYSTÈRES DOULOUREUX.

Intention générale de la deuxième partie du Ro-Rosaire : Les diocèses représentés au pèlerinage : Saint-Dié, Nancy, Metz, Langres, etc.

1er Mystère douloureux. — L'agonie de N. S.

(Sur l'air de *Unis aux Concerts des Anges*.)

Dans le jardin des Olives
Agonise le Sauveur;
Les angoisses les plus vives
Torturent son divin Cœur!
Fallait-il, ô Mère aimable,
Pour prix de notre salut,
Qu'en cet état lamentable
Votre Fils nous apparût!

Au jardin de Gethsémani, Jésus souffrant ne demande à son Père que l'accomplissement de sa volonté sainte.
Prions pour NN. SS. les Evêques des Eglises de St-Dié, Nancy, Metz, Strasbourg, Langres, successeurs de tant de saints et illustres prélats, guides et pères de nos âmes.

Récitation de la dizaine.

2e Mystère douloureux. — La Flagellation.

A la colonne on l'attache;
La main d'ignobles bourreaux
Flagelle l'Agneau sans tache,
Et met son corps en lambeaux!

Vierge, en votre âme attendrie
Retentissent tous ces coups ;
Et Jésus vous associe
Aux maux qu'il souffre pour nous !

L'acharnement des bourreaux est surpassé par la patience de la divine Victime.

Prions pour les prêtres de nos diocèses ; que Dieu multiplie les fruits de leur dévouement, et bénisse toujours leur saint Ministère.

Récitation de la dizaine.

3ᵉ *Mystère douloureux.* — Le couronnement d'épines.

Une couronne cruelle
Meurtrit son auguste front.
Notre Dieu, notre modèle,
Se résigne à cet affront !
En vain le pécheur l'outrage ;
Pour vous, Mère de douleurs,
Ce diadème est le gage
De son règne sur nos cœurs.

O Jésus ! malgré la dérision de vos ennemis, vous êtes notre Roi... Le Christ commande, il règne, il est vainqueur.

Prions pour nos Religieux et Religieuses. Puissions-nous voir la vie monastique prospérer toujours dans tous nos diocèses.

Récitation de la dizaine.

4ᵉ *Mystère douloureux.* — Jésus porte sa Croix.

Jésus, victime adorable,
Porte le bois de sa Croix.
Sous ce fardeau qui l'accable,
Il tombe jusqu'à trois fois !
Mais voici sa tendre Mère
Qu'il rencontre sur son chemin...
Elle suit jusqu'au Calvaire
Les traces du sang divin.

Nos péchés vous sont un fardeau plus lourd encore, ô Jésus ! Et vous l'avez accepté pour nous sauver.

Prions pour les fidèles chrétiens de nos diocèses, pour tant d'âmes ravagées autour de nous par l'indifférence religieuse et l'oubli de Dieu.

Récitation de la dizaine.

5ᵉ *Mystère douloureux.* — Le Crucifiement.

> Dans un douloureux supplice
> Le Tout-Puissant, le Dieu fort
> Consomme son sacrifice,
> Et s'abandonne à la mort !
> Embrassons avec Marie
> L'humble Croix du Rédempteur ;
> Du Ciel, après cette vie,
> Elle assure le bonheur.

Salut, ô Croix, notre unique espérance !

Prions pour les écoles et œuvres catholiques fondées chez nous, pour nos institutions diocésaines ; qu'elles grandissent à l'ombre de la Croix, comme un gage consolant de l'avenir.

Récitation de la dizaine.

III

MYSTÈRES GLORIEUX

Intention générale de la troisième partie du Rosaire : Le pèlerin et les siens ; les malades du pèlerinage.

1ᵉʳ *Mystère glorieux.* — La Résurrection de N.-S.

(Sur l'air de : *Pitié mon Dieu !*)

> Il s'est levé, le Maître de la terre ;
> Comme un vainqueur, Jésus sort du tombeau !

Puis à Marie, aux disciples, à Pierre
Il apparaît dans un éclat nouveau.
> Tendre Marie,
> Nos cœurs sont à vous ;
> Mère, Mère chérie,
> Priez, priez pour nous.

La Résurrection de Jésus est le gage de celle qui nous attend après le pèlerinage de cette vie.

Que le pèlerin prie pour ses parents vivants, pour les malades, et demande pour eux les grâces dont ils ont besoin.

Récitation de la dizaine.

2e *Mystère glorieux.* — L'Ascension.

Bientôt les Cieux réclament sa présence :
Jésus bénit ses enfants réunis ;
Et, s'élevant par sa toute puissance,
Sous leurs regards il monte au Paradis,
> Tendre Marie, etc.

Le Ciel en est le prix.

Le pèlerin supplie Notre-Seigneur de recevoir avec lui dans le Ciel ses parents défunts.

Récitation de la dizaine.

3e *Mystère glorieux.* — La venue du Saint-Esprit.

Quel bruit soudain agite le Cénacle ;
Pourquoi ce souffle et ces langues de feu ?
C'est l'Esprit-Saint qui vient par ce miracle
Renouveler le royaume de Dieu.
> Tendre Marie, etc.

Dieu envoie son Esprit pour enflammer de zèle tous les cœurs et renouveler la face de la terre.

Le pèlerin prie pour ses bienfaiteurs, ses amis, ceux qui dépendent de lui, et aussi pour tous ceux qui se sont recommandés à ses prières.

Récitation de la dizaine.

4e *Mystère glorieux.* — L'Assomption de la Sainte Vierge.

> La mort l'atteint ; mais l'auguste Marie
> Dans son tombeau ne dormira qu'un jour.
> Dieu la ranime, et la Vierge ravie
> Prend son essor vers l'éternel séjour.
> Tendre Marie, etc.

La Vierge Marie est élevée dans le ciel en corps et en âme, par la vertu de son divin Fils.

Le pèlerin confie au Cœur divin de Marie tous ses besoins et intérêts temporels.

Récitation de la dizaine.

5° *Mystère glorieux.* — Le Couronnement de Marie dans le Ciel.

> Votre front porte un royal diadème ;
> Jésus vous donne un trône glorieux !...
> Sur les pécheurs, sur l'enfant qui vous aime,
> Veillez toujours, Mère, du haut des cieux.
> Tendre Marie, etc.

Fille du Père éternel, Mère du Verbe fait chair, épouse du Saint-Esprit, Marie est la reine du ciel, comme elle est celle de la terre.

Le pèlerin recommande à la toute puissance suppliante de Marie ses intérêts spirituels. Que par les mains de la divine Vierge de précieux trésors de sanctification soient répandus sur son âme.

Récitation de la dizaine.

LE CHEMIN DE LA CROIX

1° *Son excellence.* — Il n'est pas d'exercice plus propre à inspirer au pécheur le repentir de ses fautes et l'amour de Notre Seigneur. Il en est peu qui disposent aussi efficacement les âmes à s'élever vers Dieu et à recevoir des grâces de choix. Il sera donc l'exercice favori des pèlerins de Notre-Dame de Lourdes, et, autant que possible, ils ne passeront aucun jour sans s'y appliquer d'une manière ou d'une autre.

2º *Manière de le faire en pèlerinage.* — Lorsqu'il est impossible de se rendre dans les églises où il est érigé canoniquement, on peut faire le Chemin de la Croix et en gagner les indulgences, en méditant et priant devant un Crucifix qui a été bénit à cette fin, et que l'on tient entre les mains. Il suffit pour toute l'assemblée, d'un seul Crucifix devant lequel on récite 14 fois de suite un *Pater* et un *Ave,* en terminant par 6 autres *Pater* et *Ave* aux intentions du Souverain Pontife.

3º *Ses avantages.* — La liste des indulgences plénières et partielles attachées à l'exercice du Chemin de la Croix ne pourrait être publiée. On sait seulement que ces indulgences sont très nombreuses, et qu'elles ont été plusieurs fois renouvelées par les Souverains Pontifes. Pour les gagner, la Communion n'est pas requise; il suffit d'être en état de grâce. Elles sont applicables aux âmes du Purgatoire.

AVANT LES STATIONS

Vive Jésus, vive sa croix,
Oh! qu'il est bien juste qu'on l'aime,
Puisqu'en expirant sur le bois,
Il nous aima plus que lui-même.

Refrain

Chrétiens, chantons à haute voix }
Vive Jésus! Vive sa croix ! } (*bis*)

*Sancta Mater, istud agas,
Crucifixi fige plagas
Cordi meo valide.*

PREMIÈRE STATION (1)

Jésus au jardin des Oliviers.

O Jésus, à quelle extrémité vous vois-je réduit! Vous vous représentez la mort qu'on vous prépare, comme la plus cruelle et la plus ignominieuse qui fut jamais; vous envisagez cette longue suite de tourments qu'on vous destine; vous commandez à votre esprit d'en recevoir l'impression avec une violence extrême. De là, cette crainte qui vous fait plus souffrir que la mort même. Si du moins les hommes voulaient profiter des grâces que vous allez leur mériter! Mais un grand nombre se damneront, et au lieu de leur être salutaires, vos souffrances ne serviront qu'à les rendre plus coupables. De là, cette tristesse profonde qui vous accable et cette angoisse mortelle qui fait couler de vos membres une sueur de sang.

Oh! mon aimable Rédempteur, je vous adore dans cet accablement de tristesse! J'adore votre cœur si tendre et maintenant noyé dans l'amertume!

C'est ainsi que vous expiez les fausses joies auxquelles je me suis livré. Peu content de répandre vos larmes, vous donnez encore votre Sang. Seigneur Jésus, que ce sang adorable ne me soit pas inutile! Que voulez-vous de moi? Puis-je vous refuser quelque chose? Ah! je vous entends, vous voulez que je renonce aux joies mondaines et aux plaisirs sensuels. O Jésus! je ne veux plus rien recevoir que de vous; le monde passe, et vous me resterez éternellement. Divin Sauveur, soyez mon partage et donnez-moi, dès maintenant, une étincelle de cet amour dont vous brûlez pour moi, afin que je vous suive partout, que je pleure mes péchés et que rien désormais ne puisse me séparer de votre charité.

Pater noster... Ave Maria.. Gloria Patri...

℣. *Miserere nostri, Domine...* ℞. *Miserere nostri....*
Fidelium animæ...

INVOCATION A MARIE

Par les tortures qu'éprouva votre Cœur maternel, pendant les angoisse auxquelles se livra Jésus, lorsqu'il tomba pour nous en agonie, et qu'il sua le sang, nous vous le demandons, ô Marie, écoutez-nous et daignez nous secourir maintenant et à l'heure de la mort. Ainsi soit-il.

(1) Stations et prières du Chemin de Croix de Bétharram.

DEUXIÈME STATION

Trahison de Judas.

Le traître Judas va trouver les ennemis de son maître et leur dit : « Que voulez-vous me donner, et je vous le livrerai ! » Le marché est conclu : Jésus est estimé et vendu trente deniers. Souillé d'un crime si horrible, Judas revient auprès du Sauveur, s'assied à sa table, et participe avec les autres disciples au Sacrement d'amour. A la fin du repas, il sort de nouveau, se met à la tête d'une troupe de forcenés et livre son divin Maître par un baiser. Quelle scélératesse !

O Jésus ! il n'est pas une larme de vos yeux, une parole de votre bouche qui ne soit d'un prix infini, et Judas vous vend trente deniers ! Il profane votre corps adorable par une communion sacrilège et déshonore votre face divine par le baiser d'un traître ! Mais pourquoi accuser Judas ! Que de fois je vous ai vendu moi-même pour une fumée d'honneur, pour un léger intérêt, pour le plaisir d'un moment ! Ne vous ai-je pas trahi encore par des communions sacrilèges ! O Dieu plein de miséricorde, pardonnez mes perfidies, ne permettez pas que je retombe dans les mêmes infidélités.

Pater noster..., etc.

INVOCATION A MARIE

Par toutes les larmes que vous répandîtes, quand le perfide Judas trahit votre divin fils et profana la sainte communion, nous vous le demandons, ô Marie, écoutez-nous et daignez nous secourir maintenant et à l'heure de la mort. Ainsi soit-il !

TROISIÈME STATION

Jésus devant Caïphe.

O doux Jésus, qui pourrait, sans verser des larmes, retracer le souvenir de tous les outrages que vous reçûtes dans la maison de Caïphe ! Vous y êtes accusé de blasphème, vous qui n'avez ouvert la bouche que pour parler de la gloire de Dieu et du salut des hommes ! Vous y êtes jugé par des scélérats, vous qui êtes le juge souverain des vivants et des morts ! Vous voilà voué à la mort, vous qui êtes l'auteur même de la vie ! La populace et les soldats lancent contre vous tous les traits de leur malice ; ils vous frappent à coups de poings et déshonorent votre face divine par des crachats infâmes. Et, cependant, vous recevez tous ces outrages avec une douceur qui jette les hommes et les anges dans l'étonnement ! Toujours uni à votre Père, vous gardez un profond silence.

O patience invincible ! ô Jésus plein de bonté ! il vous était bien facile de vous justifier et de repousser tant d'outrages ; mais vous vouliez m'apprendre à pardonner les injures, à me taire et à souffrir en silence les mépris qu'on ferait de moi.

Pater noster..., etc.

INVOCATION A MARIE

Par la part que vous prites aux humiliations de Jésus-Christ, lorsqu'il fut conduit de tribunal en tribunal ; par les coups et les soufflets dont le frappèrent des mains sacrilèges ; par les crachats immondes dont on couvrit sa sainte face, nous vous le demandons, ô Marie, écoutez-nous et daignez nous secourir maintenant et à l'heure de la mort. Ainsi soit-il.

QUATRIÈME STATION

La Flagellation.

Est-ce bien vous, ô Jésus, que je vois exposé tout nu à la vue de soldats insolents, lié et attaché à une colonne ? Est-ce vous, ô roi de gloire, que l'on traite de la sorte ? La loi défendait de donner aux patients plus de quarante coups de verges, mais pour vous il n'y a pas de mesure ; on frappe à coups redoublés et on fait voler en lambeaux votre chair virginale !

O mon divin Sauveur, jusqu'où donc va votre charité ? C'est moi qui ai péché, et vous en souffrez la peine ; c'est moi qui ai commis le crime, et vous l'expiez. C'est donc à cause de moi que vous êtes attaché à cette colonne, que vos nerfs sont foulés, vos veines ouvertes, vos entrailles déchirées, et que le sang coule de toutes les parties de votre corps. Oh ! que mon cœur est dur, si tout cela n'est pas capable de l'amollir !

O Jésus ! non, je ne résisterai pas à tant d'amour. Désormais je veux vous aimer. Ah! je voudrais recueillir et garder chacune des gouttes de ce sang précieux ; elles me seraient un puissant motif de vous aimer, ou, si je ne vous aimais pas, elles me reprocheraient ma dureté et mon ingratitude.

Pater noster..., etc.

IMVOCATION A MARIE

Par votre profonde désolation, lorsque des liens infàmes attachèrent à la colonne Celui qui venait briser les liens de tous les crimes de la terre, nous vous le demandons, ô Marie, écoutez-nous et daignez nous secourir maintenant et à l'heure de la mort. Ainsi soit-il.

CINQUIÈME STATION

Jésus couronné d'épines.

O Jésus, n'aurez-vous donc jamais assez souffert!... Regarde, ô mon âme : on lui met sur la tête un tissu d'épines pour couronne, à la main un roseau en guise de sceptre, sur les épaules un vieux haillon pour manteau royal. Divin Sauveur, amour de mon àme, vous êtes vraiment le roi des affligés! Ah! sous cette couronne d'épines, vous me paraissez plus aimable que couronné de gloire, parce que, couronné d'épines, vous me témoignez plus d'amour. Épines sacrées, percez-moi le cœur ; faites-en sortir les larmes d'une amoureuse compassion et d'une componction salutaire.

Pater noster..., etc.

INVOCATION A MARIE

Par le serrement de cœur dont vous fûtes saisie, lorsque des mains barbares traitèrent le Roi de gloire en roi de théâtre, nous vous le demandons, ô Marie, écoutez-nous et daignez nous secourir maintenant et à l'heure de la mort. Ainsi soit-il.

SIXIÈME STATION

Pilate montre Jésus au peuple en disant : Voici l'Homme! Ecce Homo !

O mon divin Sauveur, dans quel état d'humiliation vous

vois-je réduit !... Couvert de plaies, couronné d'épines, tout baigné de sang, Pilate vous présente aux Juifs, afin de les toucher, s'il est possible. Mais ils n'ont pour vous que de la haine. Aveuglés par leurs passions, il vous rejettent, et moi, éclairé par la foi, je vous reconnais pour mon Sauveur et mon Dieu ; ils vous dévouent au supplice de la croix, et moi, je me dévoue tout entier à votre amour ; ils demandent qu'on vous fasse mourir, et moi je vous demande en grâce que vous viviez dans mon cœur. Pilate, montrez le donc au peuple, ce Jésus ainsi défiguré, et dites-lui : *Ecce Homo!* Voici l'homme!... Ah! pour moi, je le connais bien, cet Homme dans lequel Dieu a voulu nous faire voir l'abîme de ses miséricordes, les rigueurs de sa justice et l'énormité du péché! C'est l'Homme promis par les prophètes, désiré par les patriarches. Oui, Seigneur Jésus, je vous reconnais, c'est vous qui êtes descendu du trône de la gloire pour m'y faire monter, qui êtes né pauvre pour m'enrichir, et qui souffrez maintenant tant de confusion et de douleurs pour me délivrer de la honte éternelle et des peines de l'enfer.

Je vous remercie, ô mon Dieu, de tant d'amour, et faites, je vous en supplie, que cette même charité, qui vous a réduit à cet état lamentable, me réduise à ce parfait détachement de toutes choses que vous demandez, pour preuve de la sincérité et de la pureté de mon amour.

Pater noster..., etc.

INVOCATION A MARIE

Par les peines intérieures que vous éprouvâtes quand Jésus fut ainsi produit en public et comparé à Barrabas, nous vous le demandons, ô Marie, écoutez-nous et daignez nous secourir maintenant et à l'heure de la mort. Ainsi soit-il.

SEPTIÈME STATION

Jésus est condamné à mort.

O Jésus, que sera-t-il fait de vous ? Je vois les Juifs, je les entends ; ils lèvent les bras, ils réclament votre mort. Quand Pilate vous présente à eux comme leur roi : *Ecce rex vester!* ils crient tous ensemble : *tolle, tolle*, qu'on dresse la croix et qu'il y meure ! — Crucifier votre roi? reprend le juge ! — Notre roi ? répondent-ils, nous n'avons d'autre roi que César. — Alors Pilate, qui connaît votre innocence, qui l'a déclarée hautement, vous livre à la fureur de vos ennemis. Je le vois, ce juge inique ; pour qu'on ne lui impute pas votre mort, il s'assied sur son tribunal, et, consommant le plus grand des forfaits, il lave ses mains tandis qu'il vous condamne au supplice de la Croix. Vous allez donc mourir, ô Jésus, vous, l'innocence même, vous le plus digne de vivre entre tous...

Ô mon Dieu, je vous offre la réparation que Jésus-Christ a faite pour nous, au Prétoire, en acceptant, sans chercher à se justifier, la sentence de mort. Je vous en conjure, à cause de cette sentence inique portée contre votre Fils, daignez me délivrer de la sentence de mort éternelle que j'ai tant de fois méritée par mes péchés.

Pater noster..., etc.

INVOCATION A MARIE

Par les souffrances auxquelles vous fûtes en proie lorsque vous entendîtes prononcer la plus injuste des sentences, contre le plus innocent des hommes, nous vous le demandons, ô Marie, écoutez-nous et daignez nous secourir maintenant et à l'heure de la mort. Ainsi soit-il.

HUITIÈME STATION

Jésus rencontre sa Sainte Mère.

Chargé de la croix, Jésus marchait au milieu de la foule, comme un agneau conduit à la boucherie, lorsqu'au détour du chemin, il rencontra sa Sainte Mère. Que se passa-t-il en ce moment dans le cœur de Jésus et dans celui de Marie ? La langue humaine est incapable de le dire, et nul esprit ne saurait l'imaginer. Notre-Seigneur aimait sa Mère plus qu'aucune autre créature, et Marie aimait Jésus plus que ne l'aimeront jamais les hommes et les anges.

Ô divine Mère, par les mérites de cette douleur que vous éprouvâtes, en voyant votre bien-aimé Jésus conduit à la mort, obtenez-moi la grâce de porter avec patience la Croix que Dieu m'envoie ! Vous et Jésus innocent, vous en avez porté une bien lourde ; ne permettez pas que moi, pécheur, qui ai mérité l'enfer, je refuse jamais de porter la mienne. Donnez-moi la grâce de marcher après vous et de souffrir avec amour et générosité.

Pater noster..., etc.

INVOCATION A MARIE.

Par le mystère de douleur qui s'accomplit dans votre âme et dans celle de Jésus, lorsque vous vous rencontrâtes sur le chemin du Calvaire, nous vous le demandons, ô Marie, écoutez-nous et daignez nous secourir maintenant et à l'heure de la mort. Ainsi soit-il.

NEUVIÈME STATION

Jésus console les filles de Jérusalem.

Considère, ô mon âme, les divins enseignements que le Seigneur te donne encore dans ce mystère de sa Passion. Touchées de l'état pitoyable où les bourreaux l'avaient réduit, les saintes femmes de Jérusalem le suivaient en pleurant, Jésus se tourna vers elles avec bonté et leur dit : « O saintes femmes, ne pleurez pas sur mes souffrances, elles me sont chères ; elles sont un rafraîchissement pour mon cœur tout consumé d'amour. Mais pleurez, pleurez sur vos péchés : car, ils sont la cause de mes douleurs ; et, puisque vous m'aimez, renoncez à ces fautes qui ont déchiré mon Sacré-Cœur. »

O mon âme, demeureras-tu insensible à ces paroles du Sauveur et vivras-tu toujours dans le péché ? Non, tu n'auras pas ce triste et honteux courage. Divin Jésus, je me prosterne à vos pieds, je veux essuyer vos pleurs et compatir à vos souffrances, en renonçant à ma vie si peu chrétienne. Je vous promets de réparer mes fautes passées, et, avec le secours de votre grâce, je ne vivrai désormais que pour vous servir.

Pater noster..., etc.

INVOCATION A MARIE.

Par l'absinthe et le fiel dont fut enivré votre cœur maternel, lorsque vous suiviez votre adorable Fils, sans qu'il vous fût permis de le presser dans vos bras ni d'essuyer son visage couvert de sang, nous vous le demandons, ô Marie, écoutez-nous et daignez nous secourir maintenant et à l'heure de la mort. Ainsi soit-il.

DIXIÈME STATION

Jésus est attaché à la Croix.

Regarde, ô mon âme, comme ces hommes féroces meurtrissent le corps de ton Jésus ! — Place-toi sur la Croix, lui disent-ils, et il s'y couche ; donne tes pieds et tes mains, et il les donne... Aussitôt, à grands coups de marteau, ils enfoncent d'énormes clous dans ses membres sacrés. Saints Patriarches, saints Prophètes, Anges du ciel, venez voir celui que vous appeliez le Désiré des Nations, le Roi immortel de gloire ! Le reconnaissez-vous ?... O Jésus crucifié, à quoi pensiez-vous lorsque vous vous sentîtes fixé sur ce bois d'ignominie ?... Ah ! vous pensiez à mon âme, esclave de ses passions; vous pensiez à mes péchés qui vous coûtaient ces atroces douleurs ! Eh bien ! ô mon doux Jésus, ces péchés, je veux désormais les traiter comme vos véritables bourreaux, heureux d'adoucir, par toute une vie de pénitence, les horribles souffrances qu'ils vous ont causées.

Pater noster..., etc.

INVOCATION A MARIE

Par les douleurs intolérables que vous ressentîtes, surtout lorsqu'on étendit avec effort les membres de votre bien-aimé Jésus, et qu'on enfonça les clous dans ses mains et ses pieds innocents, nous vous le demandons, ô Marie, écoutez-nous et daignez nous secourir maintenant et à l'heure de la mort. Ainsi soit-il.

ONZIÈME STATION

Jésus meurt sur la Croix.

Vous mourez, ô le Dieu de ma vie, et vous mourez sur la Croix que vous avez portée jusqu'au Calvaire ! Mais de quelle mort mourez-vous ! Hélas ! votre Mère par sa présence, votre Père par la désolation où il vous laisse, vos disciples par leur fuite, le peuple par ses huées, les prêtres et les docteurs par leurs amères dérisions, le mauvais larron par ses blasphèmes et par son désespoir, tout contribue à rendre cette fin aussi douloureuse qu'ignominieuse. Cependant, pour montrer au monde que vous ne mourez que parce que vous le voulez bien, vous poussez un grand cri, vous recommandez votre âme à votre Père, vous baissez doucement la tête et vous rendez le dernier soupir...

O excès de bonté, ô miracle d'amour !... O mon âme, comment y répondras-tu, et que demande de toi un Dieu mourant pour te sauver? Puisque Jésus-Christ est mort pour toi, il faut que tu meures pour lui. Il faut que tu meures au monde et à tes passions, pour vivre de son amour. Oui, Seigneur, je suis un ingrat si j'aime quelque chose en dehors de vous, ou si je ne l'aime pas pour vous. C'est pourquoi, je veux mourir à tout ce qui flatte la nature et les sens, au plaisir, à la vanité, à toutes les satisfactions humaines, pour ne vivre qu'en Celui qui est mort pour moi, afin que je puisse dire avec l'Apôtre : « Je vis, non je ne vis plus, c'est Jésus-Christ qui vit en moi. »

Pater noster..., etc.

INVOCATION A MARIE

Par ces paroles plus pénétrantes qu'un glaive à deux tranchants : *Femme, voilà votre Fils !* par ces paroles accablantes qui retentirent jusque dans les parties intimes de votre âme, nous vous le demandons, ô Mère infortunée, ô Marie, daignez nous écouter et soyez-nous secourable maintenant et à l'heure de la mort. Ainsi soit-il.

DOUZIÈME STATION

Descente de la Croix.

Ce n'est qu'après avoir rendu le dernier soupir que le divin Sauveur put enfin descendre de la Croix. Il nous apprend ainsi que, si nous voulons marcher sur ses traces et mériter le nom de chrétiens, non seulement il nous faudra porter la croix pendant la vie, mais encore y demeurer attachés jusqu'à la mort. Ce n'est qu'après la mort au monde et à nous-mêmes, que nous serons dignes d'un Dieu mourant pour le salut de tous, et que nous mériterons de passer du pied de la Croix aux bras de Marie. Mais que dis-je! Notre-Seigneur ne s'est pas contenté de porter la Croix et d'y mourir; il a voulu qu'après sa mort, son Cœur adorable fût entr'ouvert afin que le peu de sang qu'il contenait encore s'écoulât jusqu'à la dernière goutte. Par là, il nous apprend que lorsque nous croirons lui avoir tout donné, il faudra lui faire encore de nouveaux sacrifices.

O Jésus, que pourrais-je refuser à toutes vos avances? Voilà mon cœur, je vous l'offre, je vous l'immole, je veux que désormais il ne saigne que pour vous, [parce qu'il a aimé autre chose que vous-même.

Pater noster... etc.

INVOCATION A MARIE

Par les sept glaives qui traversèrent votre Cœur, nou-vous le demandons, ô Marie, écoutez-nous et daignez-nous secourir maintenant et à l'heure de la mort. Ainsi soit-il.

TREIZIÈME STATION

La Compassion. — Jésus dans les bras de sa Mère.

O mon divin Jésus, les cris de rage de vos ennemis ont beau retentir sur le Calvaire, vous êtes mort, vous ne souf-frez plus. Mais votre sainte Mère souffre. Elle entend les moqueries et les blasphèmes des soldats et des Juifs ; la lance qu'ils enfoncent dans votre côté perce son Cœur d'outre en outre ; vous recevez le coup, mais elle en res-sent toute la douleur.

Quel spectacle pour le ciel et pour la terre que le corps non animé d'un tel Fils entre les bras d'une telle Mère !...

Avec quelle dévotion cette Mère saintement héroïque, embrasse le corps sacré de son bien-aimé Fils ! Avec quel respect elle ferme ses yeux, et essuie son visage !...

... O Jésus, je la vois, cette Mère désolée, vous serrant contre son cœur, baisant vos plaies, les adorant les unes après les autres. O soupirs ! ô regrets ! ô transports d'amour de Marie !...

'Mère désolée, Reine des Martyrs, puisque votre Fils n'est mort que pour mon salut, c'est pour moi que vous versâtes tant de larmes. Mais de quoi me serviront ces lar-mes, si je m'obstine à me perdre ? Par les mérites de vos douleurs, obtenez-moi-donc une vraie contrition de mes péchés, et une entière conversion de mon cœur, avec une tendre et perpétuelle compassion pour vos souffrances et celles de votre divin Fils.

Pater noster..., etc.

INVOCATION A MARIE

Par cette source toute mystérieuse qui jaillit du Cœur de Jésus, par cette eau qui nous purifie et ce sang qui rend à nos âmes la vigueur et la vie, nous vous le deman-dons, ô Marie, écoutez-nous et daignez nous secourir maintenant et à l'heure de la mort. Ainsi soit-il.

QUATORZIÈME STATION

Jésus déposé dans le Tombeau.

Nous considérions tout à l'heure notre divin Sauveur dans les bras de sa mère ; mais que ne dut pas éprouver cette Mère, alors que les disciples lui enlevèrent son Fils pour le mettre au tombeau ! Corporellement séparée de son Jésus, elle tenait son esprit uni constamment au sien, s'ensevelissant, pour ainsi dire, avec lui par une profonde méditation de ses douleurs et de sa mort.

O mon divin Sauveur, donnez-moi d'entrer dans les pieux sentiments de votre Mère, de porter votre Passion gravée dans mon cœur, de ressentir dans mon corps quelque chose de ce que vous ressentîtes au vôtre, en un mot, de comprendre et de goûter le mystère de la Croix. Que je puisse, par la pratique d'une généreuse mortification, participer à votre Calvaire, et par une profonde humilité, m'ensevelir avec vous. Et vous, ô Vierge sainte, obtenez-moi, par les mérites infinis du divin Crucifié, la grâce de mourir chaque jour, comme l'Apôtre, à la vie des sens pour mériter de vivre, comme lui, de la vie des Saints.

Pater noster... etc.

INVOCATION A MARIE

Par votre zèle ardent pour le salut des âmes ; par ce sublime courage qui vous porta à offrir en holocauste pour nous, et votre Fils et vous-même, nous vous le demandons, ô Marie, écoutez-nous et daignez nous secourir maintenant et à l'heure de la mort. Ainsi soit-il.

LITANIES DE NOTRE-DAME DE LOURDES

Seigneur, ayez pitié de nous.
Jésus-Christ, ayez pitié de nous.
Seigneur, ayez pitié de nous.
Jésus, écoutez-nous.
Jésus, exaucez-nous.

Père céleste, qui êtes Dieu, ayez pitié de nous.

Fils, Rédempteur du monde, qui êtes Dieu, ayez pitié de nous.

Esprit-Saint, qui êtes Dieu, ayez pitié de nous.

Trinité Sainte, qui êtes un seul Dieu, ayez pitié de nous.

Notre-Dame de Lourdes, qui êtes la mère de Dieu, priez pour nous.

Notre-Dame de Lourdes, qui daignâtes apparaître jusqu'à dix-huit fois, priez pour nous.

Notre-Dame de Lourdes, qui avez dit : *Je suis l'Immaculée-Conception,* priez pour nous.

Notre-Dame de Lourdes, qui avez choisi une chétive enfant, afin que nous apprenions à devenir simples et purs, priez pour nous.

Notre-Dame de Lourdes, qui avez daigné préférer la terre de France, priez pour nous.

Notre-Dame de Lourdes, qui êtes apparue dans une grotte comme la colombe mystique dans le creux du rocher, priez pour nous.

Notre-Dame de Lourdes, qui avez souri, comme pour nous inviter à l'espérance, priez pour nous.

Notre-Dame de Lourdes, qui portiez à la ceinture un Rosaire, pour nous exhorter à la prière, priez pour nous.

Notre-Dame de Lourdes, qui par vos mains jointes nous donniez la même leçon, priez pour nous.

Notre-Dame de Lourdes, qui par vos regards levés vers le ciel nous excitiez à diriger nos cœurs en haut, priez pour nous.

Notre-Dame de Lourdes, qui aviez des roses sur vos pieds pour nous enseigner que la charité doit diriger tous nos pas, priez pour nous.

Notre-Dame de Lourdes, qui nous avez recommandé de faire pénitence, priez pour nous.

Notre-Dame de Lourdes, qui avez demandé des

prières pour les pécheurs, priez pour nous.

Notre-Dame de Lourdes, qui avez fait jaillir une source miraculeuse, priez pour nous.

Notre-Dame de Lourdes, qui avez triomphé de toutes les oppositions des incrédules et des méchants, priez pour nous.

Notre-Dame de Lourdes, qui nous appelez à venir vers vous, priez pour nous.

Notre-Dame de Lourdes, dont la visite nous est un signe que Dieu ne nous a pas entièrement abandonnés, priez pour nous.

Notre-Dame de Lourdes, doux espoir du pèlerin, priez pour nous.

Notre-Dame de Lourdes, qui avez consolé tant d'infortunés, priez pour nous.

Nous vous demandons de réaliser en nous l'objet de vos apparitions ; Notre-Dame de Lourdes, écoutez-nous.

Donnez la victoire à la sainte Eglise ; Notre-Dame de Lourdes, écoutez-nous.

Ecrasez la tête du serpent infernal ; Notre-Dame de Lourdes, écoutez-nous.

Protégez le Saint-Siège qui vous proclama immaculée ; Notre-Dame de Lourdes, écoutez-nous.

Ne souffrez pas que la France cesse d'être votre royaume bien-aimé ; Notre-Dame de Lourdes, écoutez-nous.

Relevez cette chère patrie tant humilée par ses ennemis ; Notre-Dame de Lourdes, écoutez-nous.

Rendez-lui la foi et les grandes vertus de nos pères ; Notre-Dame de Lourdes, écoutez-nous.

Détruisez l'esprit de révolte et l'amour effréné du plaisir, qui sont les plaies de notre temps ; Notre-Dame de Lourdes, écoutez-nous.

Prêtez l'oreille aux soupirs de tous ceux qui vous

invoquent ; Notre-Dame de Lourdes, écoutez-nous.

Purifiez et réchauffez nos cœurs, afin que nous soyons plus dignes d'être exaucés ; Notre-Dame de Lourdes, écoutez-nous.

Agneau de Dieu, qui effacez les péchés du monde, pardonnez-nous, Seigneur.

Agneau de Dieu, qui effacez les péchés du monde, exaucez-nous, Seigneur.

Agneau de Dieu, qui effacez les péchés du monde, ayez pitié de nous, Seigneur.

℣. Soyez mille fois félicitée, ô bienheureuse Vierge Marie.

℟. De votre Immaculée Conception.

ORAISON

O Dieu qui, par l'Immaculée Conception de la bienheureuse Vierge, avez préparé à Votre Fils une demeure digne de lui ; nous vous en supplions, vous qui, en prévision de la mort de Notre-Seigneur, l'avez préservée de toute tache, accordez-nous, par son intercession, de parvenir jusqu'à vous, purifiés de nos fautes. Par le même N. S. J.-C. — Ainsi soit-il.

LITANIES DU SACRÉ CŒUR DE JÉSUS

Seigneur, ayez pitié de nous.
Jésus-Christ, ayez pitié de nous.
Seigneur, ayez pitié de nous.
Jésus-Christ, écoutez-nous.
Jésus-Christ, exaucez-nous.
Dieu le Père, du haut des cieux, ayez pitié de nous.
Dieu le Fils, Rédempteur du monde, ayez pitié de nous,

Dieu le Saint-Esprit, ayez pitié de nous.

Trinité Sainte, qui êtes un seul Dieu, ayez pitié de nous.

Cœur de Jésus, uni substantiellement au Verbe de Dieu, ayez pitié de nous.

Cœur de Jésus, sanctuaire de la Divinité, ayez pitié de nous.

Cœur de Jésus, temple de la Très Sainte Trinité, ayez pitié de nous.

Cœur de Jésus, abîme de sagesse, ayez pitié de nous.

Cœur de Jésus, maison de Dieu et porte du Ciel, ayez pitié de nous.

Cœur de Jésus, siège de la grandeur et de la majesté de Dieu, ayez pitié de nous.

Cœur de Jésus, désiré des collines éternelles, ayez pitié de nous.

Cœur de Jésus, qui reposez parmi les lis, ayez pitié de nous.

Cœur de Jésus, océan de bonté, ayez pitié de nous.

Cœur de Jésus, trône de la miséricorde, ayez pitié de nous.

Cœur de Jésus, trésor qui ne s'épuise jamais, ayez pitié de nous.

Cœur de Jésus, magnifique envers ceux qui vous invoquent, ayez pitié de nous.

Cœur de Jésus, notre vie et notre résurrection, ayez pitié de nous.

Cœur de Jésus, de la plénitude duquel nous recevons tout, ayez pitié de nous.

Cœur de Jésus, notre paix et notre réconciliation, ayez pitié de nous.

Cœur de Jésus, modèle de toutes les vertus, ayez pitié de nous.

Cœur de Jésus, infiniment aimant, et infiniment aimable, ayez pitié de nous.

Cœur de Jésus, source d'eau vive qui jaillit jusqu'à la vie éternelle, ayez pitié de nous.

Cœur de Jésus, objet de toutes les complaisances de votre Père, ayez pitié de nous.

Cœur de Jésus, hostie vivante, sainte et agréable à Dieu, ayez pitié de nous.

Cœur de Jésus, propitiation pour nos péchés, ayez pitié de nous.

Cœur de Jésus, rempli d'amertume à cause de nous, ayez pitié de nous.

Cœur de Jésus, triste jusque la mort dans le jardin des Oliviers, ayez pitié de nous.

Cœur de Jésus, rassasié d'opprobres, ayez pitié de nous.

Cœur de Jésus, blessé d'amour, ayez pitié de nous.

Cœur de Jésus, obéissant jusqu'à la mort de la Croix, ayez pitié de nous.

Cœur de Jésus, ouvert par la lance, ayez pitié de nous.

Cœur de Jésus, épuisé de sang sur la Croix, ayez pitié de nous.

Cœur de Jésus, brisé de douleurs à cause de nos péchés, ayez pitié de nous.

Cœur de Jésus, maintenant encore outragé par les hommes dans le Sacrement de votre amour, ayez pitié de nous.

Cœur de Jésus, refuge des pécheurs, ayez pitié de nous.

Cœur de Jésus, force des faibles, ayez pitié de nous.

Cœur de Jésus, consolation des affligés, ayez pitié de nous.

Cœur de Jésus, persévérance des justes, ayez pitié de nous.

Cœur de Jésus, salut de ceux qui espèrent en vous, ayez pitié de nous.

Cœur de Jésus, espérance des mourants, ayez pitié de nous.

Cœur de Jésus, doux appui de ceux qui vous honorent, ayez pitié de nous.

Cœur de Jésus, délices de tous les Saints, ayez pitié de nous.

Cœur de Jésus, notre secours dans les maux qui ont fondu sur nous, ayez pitié de nous.

Agneau de Dieu, qui effacez les péchés du monde, pardonnez-nous, Jésus.

Agneau de Dieu, qui effacez les péchés du monde, exaucez-nous, Jésus.

Agneau de Dieu, qui effacez les péchés du monde, ayez pitié de nous.

Jésus-Christ, écoutez-nous.

Jésus-Christ, exaucez-nous.

℣. Jésus, doux et humble de cœur,

℟. Rendez nos cœurs semblables au Vôtre.

Prions.

Seigneur Jésus, qui, par un bienfait nouveau, avez daigné ouvrir à votre Eglise les richesses ineffables de votre cœur, faites que nous rendions amour pour amour à ce Cœur adorable, et que par de dignes hommages, nous réparions les outrages dont l'ingratitude des hommes vous abreuve, ô vous, qui vivez et régnez dans les siècles des siècles.

Dieu tout-puissant et éternel, jetez les yeux sur le Cœur de votre fils ; voyez les hommages et la satisfaction qu'il vous offre pour tous les pécheurs ; nous implorons votre miséricorde ; laissez-vous fléchir et pardonnez-nous au nom de ce même Jésus-Christ votre Fils qui, étant Dieu, vit et règne avec vous en l'unité du Saint-Esprit, dans tous les siècles des siècles. — Ainsi-soit-il.

CONSÉCRATION AU SACRÉ-CŒUR DE JÉSUS

Notre-Seigneur veut la consécration de la France à son Sacré-Cœur. Il y a deux cents ans, il la demandait à Louis XIV par l'entremise de la Bienheureuse Marguerite-Marie. Il attend toujours une réponse qui ne lui a pas encore été faite; nous ne pouvons la différer plus longtemps.

Sans doute tous les diocèses de France ont été consacrés au cœur de Jésus par les évêques; mais cette consécration religieuse ne suffit pas, car elle n'atteint qu'indirectement la vie sociale qui appartient, elle aussi, au Sacré-Cœur. Notre-Seigneur veut que la famille et l'Etat affirment son autorité souveraine en lui rendant hommage; il veut un règne social; c'est l'objet même de la demande faite par lui le 17 juin 1689.

Le moment est venu, ce semble, de donner satisfaction à ce désir divin. Sans doute un acte de cette nature fait aujourd'hui n'aura pas la forme qu'il aurait eue il y a deux cents ans; mais nous osons dire que cette consécration peut être plus glorieuse pour le Sacré-Cœur et plus fructueuse pour nous-mêmes.

Si, au temps du grand roi, un seul homme devait parler au nom de tout le peuple; aujourd'hui, où l'on est convenu de trouver dans le suffrage de la nation une sorte de consécration officielle de l'autorité, c'est le peuple tout entier, hommes, femmes, enfants, qui doit acclamer la royauté de Notre-Seigneur en se consacrant à son divin Cœur.

ACTE DE CONSÉCRATION

Cœur adorable de Jésus, vivant dans cette hostie, moi, N., prosterné en esprit devant vous en présence de la sainte Vierge Marie et de saint Joseph, de saint Michel et des saints Patrons de la France, je viens, avec toute la sincérité de mon cœur, vous demander pardon de mes fautes passées et vous promettre une fidélité entière à l'avenir;

Je reconnais et proclame vos droits souverains sur tout ce que je suis et sur tout ce que je possède; vous régnerez désormais sur mon intelligence, sur ma volonté, sur toutes les puissances de mon âme; toutes les forces de mon corps, tous les instants de ma vie et tous les biens que j'ai reçus de vous seront employés conformément à votre adorable volonté;

Je reconnais et proclame vos droits souverains sur ma famille; je travaillerai de tout mon pouvoir à y établir votre règne, afin que tous les membres qui la composent fassent de vos exemples et de vos leçons la règle de leur conduite, de votre amour le lien de leur union, et de votre image exposée et honorée la sauvegarde du foyer domestique ;

Je reconnais et proclame vos droits sur la société. Que ne puis-je y établir absolument votre règne en y faisant respecter en toutes choses et partout vos lois et vos préceptes ! Je veux au moins que, dans le cercle où s'exerce mon influence, votre nom soit honoré, le saint jour du dimanche soit respecté ; je veux que la pratique de vos saints commandements ne rencontre autour de moi aucun obstacle, que le bien soit toujours encouragé, que le mal soit réprimé et puni. Soyez vous-même, ô Cœur divin, le gardien de ces engagements que je prends et que je signe devant vous ; soyez-en un jour l'éternelle récompense si, par votre grâce, j'y suis fidèle. — Ainsi soit-il.

CONSÉCRATION A MARIE

O Marie ! Vierge Immaculée, notre Protectrice et notre Mère, nous venons humblement vous consacrer nos biens, nos personnes, nos familles, notre patrie. Cette consécration du cœur, nos pères l'ont faite dans les élans de leur amour et de leur foi, nos rois l'ont solennellement ratifiée, les siècles l'ont à jamais affermie.

Le peuple français tout entier vient la renouveler ici par des actes éclatants et solennels ; il vient, par un mouvement unanime et spontané, affirmer à la face de ses ennemis que la France est toujours votre royaume : *Regnum Galliœ, regnum Mariœ.*

La France a pu oublier un instant sa gloire ; elle a, dans un siècle d'aveuglement, chassé le Christ votre Fils de ses institutions et de ses lois ; elle a péché ; mais, au milieu de ses égarements, elle a rencontré l'humiliation et la douleur. Son orgueil est brisé. Du fond de sa douleur, elle se redresse dans un noble élan de repentir et de confiance ; toute meurtrie par sa chute, elle pousse vers vous ce cri toujours victorieux : J'irai à ma mère, *Ibo ad Matrem*.

O Marie ! Mère de miséricorde, ne méprisez pas la douleur de vos enfants ; ne dédaignez pas cet immense cri de détresse et d'amour qui s'élève en ce moment de tous les cœurs et de tous les sanctuaires ; ayez pitié de nous, ayez pitié de la Patrie !

Dirigez ses gouvernants, éclairez ses législateurs, convertissez son peuple, fortifiez sa foi, gardez ses mœurs, sauvez-la enfin, en lui rendant sa glorieuse mission de fille aînée de l'Eglise et de soldat du Christ.

Rappelez-vous que nous sommes vos enfants et montrez-vous notre Mère, *Monstra te esse Matrem*. Priez pour nous Jésus, votre fils et notre Sauveur, nous vous en conjurons par les douleurs et par les larmes d'un peuple entier, priez pour nous.

Refuge des pécheurs, accueillez notre repentir.

Secours des chrétiens, détournez les fléaux qui nous accablent.

Reine de la Victoire, soyez notre Reine. Toujours, toujours.

Amen. Amen.

DEUXIÈME PARTIE

SANCTIFICATION PARTICULIÈRE
DE CHACUN DES JOURS DU PÈLÉRINAGE

PREMIER JOUR

Le Départ.

Rien de plus négligé peut-être que le départ du pèlerinage, et néanmoins rien de plus important. C'est le commencement, et toujours du commencement de l'œuvre dépendent la suite et la fin. Aussi l'Eglise a-t-elle voulu en régler elle-même tous les détails, dans son *Rituel* et son *Missel.*

Les pèlerins qui s'en vont à quelque lieu saint, dit le **Rituel,** *devront, conformément aux antiques institutions, recevoir de leurs pasteurs des lettres de recommmandation. Ces lettres obtenues et leurs affaires mises en ordre, ils feront la confession de leurs péchés, ils entendront la messe en laquelle se dira l'oraison* **pour les Pèlerins,** *et ils y recevront dévotement la Sainte Eucharistie. La messe finie, le prêtre dira sur eux, pendant qu'ils se tiendront à genoux, le cantique* **Benedictus Dominus Deus Israël,** *les versets et l'oraison de l'Itinéraire des* **clercs,** *et l'oraison propre aux pèlerins. Ensuite il les aspergera d'eau bénite, en prononçant vers eux*

les paroles de la bénédiction : Pax et benedictio
Dei omnipotentis † Patris et Filii et Spiritus Sancti
descendat super vos et maneat semper.

Plusieurs exercices particuliers sanctifieront
cette première journée : la *messe du départ*, la
bénédiction et l'*imposition des croix de pèlerinage*,
les *prières de l'itinéraire*, la *méditation*, la *neuvaine*.

1. MESSE DU DÉPART

Cette messe, dite *Pro Peregrinantibus* (1), se
trouve parmi les votives placées à la fin du missel.

Elle renferme un introït, des oraisons, une épître, un évangile, une communion, un graduel et
un offertoire propres.

L'épître rappelle les faveurs admirables faites à
Jacob durant son lointain pèlerinage, alors qu'il
fuyait la colère d'Esaü ; l'évangile rapporte les
recommandations adressées par le Sauveur aux
soixante-dix disciples, le jour où il les envoya
par toute la Galilée annoncer l'approche du
royaume de Dieu ; les oraisons demandent la protection particulière de Dieu contre les ennemis
et les dangers de la route.

2. BÉNÉDICTION ET IMPOSITION DES CROIX DE PÈLERINAGE

Quand revint la pieuse pratique des pèlerina-

(1) Comme toutes les messes votives simples, la messe
pro peregrinantibus ne peut être dite qu'aux jours semi-
doubles ou d'un rite inférieur ; tous les autres jours, sauf
ceux de 1re classe, elle sera remplacée par des mémoires
à la *Collecte*, à la *Secrète* et à la *Postcommunion*. Il importe
de ne pas omettre au moins ces mémoires.

Rien n'empêche de la célébrer la veille ou l'avant-veille
du départ.

ges au tombeau des Apôtres, N. T. S. P. le Pape Pie IX daigna donner de sa main aux pèlerins, comme emblème de leur croisade pacifique, la croix de laine rouge avec la devise : *Christo Domino servire ; Servir le Christ, Notre-Seigneur.* Cet emblème s'impose donc aux pèlerins de Notre-Dame de Lourdes.

Les croix sont, autant que possible, bénites par l'Evêque du diocèse ; à son défaut, elles peuvent l'être par le curé de la paroisse ou tout autre prêtre.

Le jour du départ, les pèlerins viennent les recevoir dans une église selon le cérémonial suivant :

1° Chant du cantique du Pélerinage, ou, s'il n'y en a pas de spécial, de celui du Sacré-Cœur, *ou de* Notre-Dame de Salut.

2° Allocution sur la signification des croix, emblèmes de pénitence et de prières et signes distinctifs de notre croisade pacifique pour la délivrance du Saint-Père et le salut de la France.

3° Bénédiction des croix, avec la formule qui suit :

℣. Adjutorium nostrum † in nomine Domini.

℟. Qui fecit cœlum et terram.

℣. Domine exaudi orationem meam.

℟. Et clamor meus ad te veniat.

℣. Dominus vobiscum.

℟. Et cum spiritu tuo.

Oremus.

Rogamus te, Domine sancte, Pater omnipotens, æterne Deus, ut digneris benedicere † hæc signa crucis tuæ, ut sint remedium salutare generi humano, sint soliditas fidei, profectus bonorum operum, redemptio animarum, sint solamen et protectio, ac tutela contra sæva jacula inimicorum. Per Christum Dominum nostrum. Amen.

Cette oraison finie, le prêtre asperge les croix d'eau bénite.

4° Distribution des croix. Les pèlerins viennent se ranger à genoux au pied de l'autel, et le célébrant, aidé d'autres prêtres, s'il y a lieu, remet à chacun la croix bénite en disant :

Accipe signum crucis, † in nomine Patris, et Filii et Spiritûs sancti.

Avec l'autorisation de l'évêque, on pourra employer la formule suivante :

Accipe signum crucis, in nomine Pa † tris et Fi † lii, et Spi † ritus Sancti, in figuram crucis, passionis et mortis Christi, ad tui corporis et animæ defensionem, ut divinæ bonitatis gratia, post iter expletum salvus et emendatus ad tuos valeas remeare, per Christum Dominum nostrum. Amen.

3. PRIÈRES DE L'ITINÉRAIRE

Après la distribution des croix, les prières de l'Itinéraire, qui pourront être dites à l'église ou dans les maisons. Ces prières tiennent de l'Eglise, au nom de qui elles sont adressées à Dieu, une vertu particulière, et elles sont aussi instructives que touchantes. Récitons-les avec attention et ferveur.

Ant. In viam pacis.

Benedictus Dominus Deus Israël, quia visitavit et fecit redemptionem plebis suæ.

Et erexit cornu salutis nobis, in domo David pueri sui.

Ant. Que la paix de Dieu vous accompagne.

Béni soit le Seigneur, le Dieu d'Israël, de ce qu'il a visité et racheté son peuple.

Et nous a suscité une corne de salut dans la maison de son serviteur David.

Sicut locutus est per os sanctorum, qui a sæculo sunt Prophetarum ejus,

Salutem ex inimicis nostris, et de manu omnium qui oderunt nos ;

Ad faciendam misericordiam cum patribus nostris, et memorari testamenti sui sancti ;

Jusjurandum quod juravit ad Abraham patrem nostrum, daturum se nobis,

Ut sine timore de manu inimicorum nostrorum liberati, serviamus illi,

In sanctitate et justitia coram ipso, omnibus diebus nostris.

Et tu, puer, Propheta Altissimi vocaberis ; præibis enim ante faciem Domini parare vias ejus ;

Ad dandam scientiam salutis plebi ejus, in remissionem peccatorum eorum,

Per viscera misericordiæ Dei nostri, in quibus visitavit nos Oriens ex alto.

Illuminare his qui in tenebris et in umbra mortis sedent, ad dirigendos pedes nostros in viam pacis.

Gloria Patri, etc.

Ant. In viam pacis et prosperitatis dirigat nos omnipotens et misericors

Comme il a promis par la bouche de ses saints prophètes, qui ont été dès les temps les plus anciens,

De nous sauver de nos ennemis et de la main de tous ceux qui nous haïssent ;

Pour accomplir ses miséricordes envers nos pères en souvenir de son alliance sainte ;

Selon le serment qu'il a juré à Abraham notre père de faire pour nous,

Qu'ètant délivrés de nos ennemis, nous le servions sans crainte,

Dans la sainteté et la justice, marchant devant lui tous les jours de notre vie.

Et toi, petit enfant, tu seras appelé Prophète du Très-Haut : car tu marcheras devant la face du Seigneur pour lui préparer les voies ;

Pour donner au peuple la science du salut, et pour la rémission de ses péchés.

Par les entrailles de la miséricorde de notre Dieu, avec lesquelles est venu nous visiter le Soleil se levant d'en haut.

Pour éclairer ceux qui sont assis dans les ténèbres et l'ombre de la mort, pour diriger nos pieds dans une voie de paix.

Gloire au Père, etc.

Ant. Que le Seigneur tout-puissant et miséricordieux nous mette en chè-

Dominus; et Angelus Raphaël comitetur nobiscum in via, ut cum pace, salute et gaudio revertamur ad propria.

Kyrie, eleison.

Christe, eleison,

Kyrie, eleison.

Pater noster. etc.
Et ne nos inducas in tentationem;
Sed libera nos a malo.
℣. Salvos fac servos tuos.

℟. Deus meus, sperantes in te.
℣. Mitte nobis, Domine, auxilium de sancto.
℟. Et de Sion tuere nos.

℣. Esto nobis, Domine, turris fortitudinis.
℟. A facie inimici.
℣. Nihil proficiat inimicus in nobis.
℟ Et filius iniquitatis non apponat nocere nobis.

℣. Benedictus Dominus, die quotidie.
℟ Prosperum iter faciat nobis Deus salutarium nostrorum.
℣: Vias tuas, Domine, démonstra nobis.
℟. Et semitas tuas edoce nos.
℣. Utinam dirigantur viæ nostræ.
℟. Ad custodiendas justificationes tuas.

min, nous donnant paix et prospérité; que l'ange Raphaël nous acccompagne le long de la route, que nous rentrions chez nous en paix, joie et santé.
Seigneur, ayez pitié de nous.
Jésus-Christ, ayez pitié de nous.
Seigneur, ayez pitié de nous.
Notre Père, etc.
Ne nous laissez pas succomber à la tentation ;
Mais délivrez nous du mal.
℣. Rendez sauf vos serviteurs.
℟. Mon Dieu, ils espèrent en vous.
℣. Du Saint des Saints envoyez-nous secours.
℟. Des hauteurs de Sion protégez-nous.
℣. Soyez-nous une défense puissante.
℟. En présence de l'ennemi.
℣. Que l'ennemi ne puisse rien contre nous.
℟. Et que le fils d'iniquité n'ait point le pouvoir de nous nuire.
℣. Que le Seigneur soit béni chaque jour.
℟. Et qu'il rende prospère notre pèlerinage, le Dieu qui nous a sauvés.
℣. Seigneur, montrez-nous vos voies.
℟. Ouvrez-nous vous-mêmes vos sentiers.
℣. Que nos démarches soient réglées.
℟. Afin que nous nous tenions dans la voie de vos commandements.

7

℣. Erunt prava in directa.

℟. Et aspera in vias planas.

℣. Angelis suis Deus mandavit de te.

℟. Ut custodiant te in omnibus viis tuis.

℣. Domine, exaudi orationem meam.

℟. Et clamor meus ad te veniat.

℣. Dominus vobiscum.

℟. Et cum spiritu tuo.

Oremus.

Deus qui filios Israël per maris medium sicco vestigio ire fecisti; quique tribus Magis iter ad te, stella duce, pandisti; tribue nobis, quæsumus, iter prosperum tempusque tranquillum: ut angelo sancto tuo comite, ad eum quo pergimus locum, ac demum ad æternæ salutis portum pervenire feliciter valeamus.

Deus qui Abraham puerum tuum de Ur Chaldeorum éductum, per omnes suæ peregrinationis vias illæsum custodisti; quæsumus ut nos famulos tuos custodire digneris : esto nobis Domine in procinctu suffragium, in via solatium, in æstu umbraculum, in pluvia et frigore tegumentum, in lassitudine vehiculum, in adversitate præsidium, in lubrico baculus, in naufragio portus; ut te du-

℣. Les chemins tortueux deviendront droits.

℟. Et les raboteux unis.

℣. Pour vous il a fait un commandement à ses anges,

℟. De vous garder dans toutes vos voies.

℣. Seigneur, exaucez ma prière.

℟. Et que mon cri parvienne jusqu'à vous.

℣. Que le Seigneur soit avec vous.

℟. Et avec votre esprit.

Prions.

O Dieu! qui avez fait passer la mer à pied sec aux fils d'Israël, qui par une étoile avez tracé aux rois mages la route qui les conduisit à vous : accordez nous, s'il vous plaît, bon voyage et temps favorable, afin que, sous la conduite des saints anges, nous arrivions heureusement au sanctuaire que nous allons visiter, et plus tard au port du salut éternel.

O Dieu! qui avez gardé sain et sauf Abraham dans toutes ses pérégrinations, lors de sa sortie de Ur en Chaldée, daignez, nous vous en prions, garder aussi vos serviteurs. Favorisez-nous d'abord dans nos apprêts ; puis soyez-nous vous-même le charme de la route : servez-nous d'ombrage contre la chaleur ; d'abri contre la pluie et le froid ; de char dans la lassitude, de force contre les obstacles, de bâ-

ce, quo tendimus, prospere perveniamus, et demum incolumes ad propria redeamus.

Adesto quæsumus, Domine, supplicationibus nostris, et viam famulorum tuorum in salutis tuæ prosperitate dispone ; ut inter omnes viæ et vitæ hujus varietates, tuo semper protegamur auxilio.

Præsta quæsumus, omnipotens Deus, ut familia tua per viam salutis incedat et B. Joannis præcursoris hortamenta sectando, ad eum quem prædixit, secura perveniat Dominum nostrum Jesum Christum Filium tuum : qui tecum vivit et regnat, etc.

℣. Procedamus in pace.

℟. In nomine Domini. Amen.

ton aux endroits glissants, de port dans le naufrage, afin que, sous votre conduite, nous arrivions heureusement là où nous allons et revenions au foyer pleins de santé et de vie.

Prêtez l'oreille, Seigneur, à nos supplications et disposez toutes choses pour que vos serviteurs trouvent dans leurs voies prospérité et salut, et que, au milieu de toutes les vicissitudes de la route et de la vie, nous soyons toujours couverts de votre protection.

Nous vous supplions, Dieu tout puissant, que vous accordiez à votre famille de marcher dans la voie du salut, et que, se conformant aux exhortations du B. Jean le Précurseur, elle arrive en toute sécurité à Celui qu'il a prêché, Jésus-Christ votre Fils Notre-Seigneur.

℣. Partons en paix.

℟. Au nom du Seigneur. Ainsi soit-il.

4. MÉDITATION

La méditation de ce premier jour se fera sur la nature et la fin des pèlerinages.

SIGNIFICATION ET BUT DES PÈLERINAGES EN GÉNÉRAL

Advena ego sum et peregrinus ante te, sicut fuerunt patres nostri.

Je suis devant vous comme un étranger et un pèlerin, de même que tous nos pères l'ont été avant moi.

(Ps. XXVIII, 13).

Qu'est-ce qu'un Pèlerinage ? C'est une démarche pieuse faite par manière de procession publique à un sanctuaire privilégié pour s'y trouver en communication plus intime avec Dieu, avec la Sainte Vierge, avec les saints, et en rapporter une abondance plus grande de grâces spirituelles et temporelles. Pourquoi cette démarche ? 1º Pour nous aider à mieux comprendre le sens et le but de la vie présente ; 2º pour entrer dans les vues particulières de la miséricorde divine à notre égard ; 3º pour continuer les usages de nos pères et suivre la tradition de toute l'Eglise.

I. Et d'abord, nous nous faisons pèlerins pour nous aider à mieux comprendre le but de la vie présente. Que d'ineffables harmonies, en effet, entre nos pèlerinages et la vie humaine !

Semblables à cet homme dont parle l'Evangile, et qui descendait de Jérusalem à Jéricho, c'est-à-dire de la cité de la vie à celle de la ruine et de la mort, nous allons tous, pèlerins du temps, à la demeure de notre éternité. « La loi est prononcée, dit Bossuet, il faut marcher, il faut courir, et les heures se précipitent. Bientôt tout commence à défaillir, c'est l'ombre de la nuit qui vient; encore un pas et il n'y a plus de temps, l'éternité commence. » Ainsi s'écoule, sous le regard de Dieu, le pèlerinage de notre vie.

Presque à chacune de ses pages, la Sainte Ecriture insiste sur cette pensée et sur ce rapprochement : c'est ainsi que Dieu parle à Abraham de *la terre de son pèlerinage ;* — que le vieux Jacob trouve *courts et mauvais les jours de son pèlerinage en ce monde;* — que David se proclame *le pèlerin du Seigneur;* « *Advena ego sum et peregrinus ante te.* »

Et ce qui a valu sa rédemption au monde, n'est ce pas le douloureux pèlerinage que l'Homme-Dieu y a fait de la Crèche au Calvaire? Aussi l'Evangile résume-t-il toute la vie du divin Sauveur dans ce mot : *transiit*, il passa ; et les disciples d'Emmaüs ne verront-ils en lui qu'un pèlerin : *tu peregrinus in Jerusalem*

Et n'est-ce pas par la prolongation de son pèlerinage ici-bas que la vierge Marie elle-même a coopéré au salut de tous? *Incolatus meus prolongatus est.*

Qu'est-ce à dire, sinon que notre vie présente tout entière doit être regardée par nous comme un pèlerinage, tant que nous sommes séparés du Seigneur : *Scientes quoniam dum sumus in corpore, peregrinamur a Domino*? (II. Cor. v, 6.)

II. Cependant, pourront dire encore quelques-uns : Est-ce que Dieu n'est pas présent partout pour y entendre nos vœux? Pourquoi donc des pèlerinages?

Sans doute, Dieu est partout, et il y a longtemps que le Roi-Prophète l'a chanté : *Domini est terra et plenitudo ejus.* Mais, de même qu'il y a des âmes particulièrement comblées de bénédictions et de grâces, de même y a-t-il des lieux privilégiés dont on peut dire avec Jacob, le patriarche des anciens jours : *C'est vraiment ici la maison de Dieu et la porte du Ciel.*

Un savant, un artiste, un amateur, visitent les monuments célèbres des arts et des sciences ; le pèlerin n'obéit pas à un attrait différent quand il va contempler, non point ces édifices d'un jour que le temps démolit en silence, mais les immortels monuments de la grâce divine : les saints et leurs héroïques vertus.

Un tempérament fatigué va demander, quand il le peut, à d'autres climats tout un ensemble d'éléments qui donnent du ressort à ses organes et renouvellent sa vigueur. Ainsi le pèlerin s'en va-t-il dans ces lieux de dévotion tout imprégnés de vertu et de sainteté. Il y respire un air que la piété des générations a embaumé de ses parfums vivifiants ; il va puiser à pleines mains dans le trésor de mérites qui s'y trouvent accumulés, depuis des années et des siècles, par les prières et les pénitences d'une multitude de saints ; il y sent son cœur se dilater au souffle de la grâce, et en rapporte une surabondance de vie divine qu'il n'avait pas connue jusqu'alors.

N'est-il pas juste d'aller chercher les grâces de Dieu, là où pour des raisons connues de Lui, Dieu se plaît à les départir !

III. Enfin, nous allons en pèlerinage pour faire comme ont fait nos pères dans la foi ; car, les pèlerinages ont toujours été dans les mœurs de l'humanité, aussi bien que dans la tradition de l'Eglise.

On les trouve déjà en honneur sous l'ancienne loi. Chaque année les hommes d'Israël se rendaient à la bourgade où avait été déposée l'Arche sainte : à Silo, à Béthel, etc.; et quand le Temple eut été construit, c'était Jérusalem qui, trois fois par an, leur ouvrait ses murs aux jours des grandes solennités. Chacun quittait alors l'ombre de sa vigne et de son figuier ; le concours était immense ; et après avoir *adoré*, tous ensemble, *le Seigneur au lieu où s'étaient reposés ses pieds*, ils retournaient au foyer de la famille, chargés des plus précieuses bénédictions.

Mais, on le sait, dans l'Ancien Testament rien n'arrivait qu'en figure ; les pèlerinages ne devaient donc avoir leur réel développement et porter tous leurs fruits qu'avec la nouvelle Alliance. Cette fructification arriva vite.

Pendant les siècles de persécution, les fidèles,

après avoir déposé dans des souterrains les ossements de leurs frères martyrs, allaient les vénérer aux jours de fêtes en faisant le pèlerinage des catacombes.

Quand la paix fut donnée à la sainte Eglise, cette forme de la piété s'épanouit au grand jour, et le zèle pour les pèlerinages alla croissant pendant de longs siècles. Que de pèlerinages à citer ici, si nous pouvions entrer dans le détail ?

C'était, au loin, le pèlerinage de Jérusalem, au sujet duquel les chroniques racontent des choses merveilleuses ; — c'était, par delà les monts, le pèlerinage de Rome, alors que sous le souffle de la foi ardente de nos aïeux, pendant des siècles, des montagnes humaines se levaient comme un seul homme pour aller prier au tombeau des saints Apôtres ; — c'était, en France, le pèlerinage de saint Martin ; — c'était, dans notre Lorraine, le pèlerinage de Notre-Dame de Saint-Dié, de Notre-Dame de Sion, de Notre-Dame de Bon-Secours ; — c'était, dans chaque diocèse, des pèlerinages sans nombre en l'honneur de la très Sainte Vierge et des Saints.

Résolution. — Pèlerins de la terre, nous réglerons toujours notre vie présente de telle sorte qu'elle soit pour nous le chemin du ciel, aimant à nous nourrir de cette pensée :

> ..... Sur cette terre
> Je passe comme un voyageur ;
> Ici-bas tout n'est que misère,
> Rien ne saurait remplir mon cœur.

Prière. — O Notre-Dame de Lourdes, ô Vierge Immaculée, ô Marie, vous dont l'ineffable nom est glorifié au Ciel et sur la terre, priez pour nous, priez pour ceux qui, avec le psalmiste, se reconnaissent *pèlerins et étrangers* sur cette terre.

Saint Dié, saint Mansuy, saint Clément, fondateurs et premiers évêques de nos églises, priez pour ceux qui veulent marcher sur vos traces, à la recherche de leur Dieu !

5. NEUVAINE EN L'HONNEUR DE L'IMMACULÉE-CONCEPTION DE MARIE (1)

Venez, Esprit-Saint, remplissez les cœurs de vos fidèles et allumez en eux le feu de votre amour.

ỹ. Envoyez votre Esprit, et tout sera créé.

℟. Et vous renouvellerez la face de la terre.

Prions : O Dieu ! qui avez instruit les cœurs des fidèles par la lumière du Saint-Esprit, accordez-nous que ce même esprit nous fasse goûter et aimer le bien et qu'il répande en nous sa consolation ; nous le demandons par Notre-Seigneur Jésus-Christ. Ainsi soit-il.

Vierge très pure, conçue sans péché, toute belle et sans tache dès le premier instant, Mère de Dieu, Reine des anges et des hommes, je vous révère humblement comme la Mère de mon Sauveur. C'est votre adorable fils qui, tout Dieu qu'il était, m'a enseigné, par son estime, par son respect, sa soumission envers vous, quels honneurs et quels hommages je dois vous rendre. Vous êtes le refuge assuré des pécheurs repentants ; j'ai donc raison de recourir à vous. Vous êtes la Mère de Miséricorde ; vous ne pouvez donc pas ne pas vous attendrir à la vue de mes misères.

(1) Empruntée à l'excellent opuscule du R. P. de Franciosi, S. J. : *Marie, Mère de Dieu et toujours Vierge, a été conçue sans péché,* 2ᵉ édition, augmentée de la Bulle *Ineffabilis.* — Nancy, WAGNER, 0 fr. 60 franco.

Vous êtes après Jésus toute mon espérance ; comment n'agréeriez-vous pas ma confiance ? Rendez-moi donc digne d'être appelé votre enfant, afin que je puisse vous dire avec assurance : *Montrez que vous êtes ma Mère !*

On récite neuf Ave Maria, *un* Gloria Patri, *puis la prière indiquée ci-après pour chaque jour :*

1er jour. — O Marie, Vierge Immaculée, me voici à vos pieds ! Je me réjouis avec vous de ce que vous avez été choisie de toute éternité pour être la Mère du Verbe éternel et préservée de la tache originelle. — Je remercie et bénis la très Sainte Trinité qui vous a accordé tous ces privilèges dans votre Conception. — Je vous supplie humblement de m'obtenir la grâce de triompher des tristes suites laissées en moi par le péché originel. Faites que je les surmonte et que je ne cesse jamais d'aimer mon Dieu !

Ensuite on continue ainsi :

℣ Vous êtes toute belle, ô Marie !

℟ Et la tache originelle n'est point en vous !

℣ Vous êtes la gloire de Jérusalem !

℟ Vous êtes la joie d'Israël !

℣ Vous êtes l'honneur de votre peuple !

℟ Vous êtes l'avocate des pécheurs.

℣ Priez pour nous !

℟ Intercédez pour nous.

Prions.

O Dieu ! qui en préservant la glorieuse Vierge du péché originel, avez ainsi préparé une digne demeure à votre Fils dans le sein de cette Vierge Immaculée, nous vous supplions que, comme vous l'avez mise hors de toute atteinte du péché, en prévision des mérites de ce même Fils, vous daigniez aussi, à sa demande, nous faire la grâce d'arriver à vous, purifiés de nos péchés; nous vous en conjurons par Jésus-Christ Notre-Seigneur. Ainsi soit-il.

On termine l'exercice en implorant la faveur qu'on désire et on précise l'acte de vertu qu'on se propose de pratiquer, ce qui peut se faire à peu près comme il suit :

Vierge pleine de bonté et de puissance auprès du Seigneur, obtenez-moi... (*indiquer la grâce spirituelle ou corporelle*), et si ce que je demande n'est pas selon la gloire de Dieu et le bien de mon âme, obtenez-moi ce qu'il y a de plus conforme à l'un et à l'autre. De mon côté, pour être agréable à vous et à votre Fils, je veux aujourd'hui... (*déterminer ce que l'on a l'intention de faire*). Aidez-moi à accomplir ma résolution.

Aspirations en l'honneur de l'Immaculée-Conception.

— Cœur Immaculée de Marie, priez pour nous. (*Indulgence de 100 jours*, PIE IX, 10 juin 1869.)

— O Marie, qui êtes entrée dans le monde sans tache, ah! obtenez-moi de Dieu de pouvoir en sortir dans le même état! (*Indulgence de 100 jours une fois le jour*, PIE IX, 27 mars 1863.)

— Bénie soit la sainte, immaculée et très pure Conception de la Bienheureuse Vierge Marie, Mère de Dieu! (*300 jours chaque fois*, LÉON XIII, 10 septembre 1878.)

— Doux cœur de Marie, soyez mon salut! (*300 jours chaque fois, Indulgence plénière une fois par mois*, PIE IX, 30 septembre 1852.)

Vierge Marie, Immaculée dans votre Conception, priez pour nous le Père, dont vous avez enfanté le Fils Jésus, que vous aviez conçu du Saint-Esprit! (*Indulgence de 100 jours chaque fois*, PIE VI, 21 novembre 1791.)

Litanies de la Sainte Vierge, page 22.

DEUXIÈME JOUR

Les Stations.

Le deuxième jour du Pèlerinage est celui des stations intermédiaires accomplies sur le chemin de la Grotte.

Comme l'abeille va butiner sur toutes les fleurs la goutte de miel que la rosée du matin y dépose, ainsi doit faire notre âme dans tous les lieux où Dieu daigne y manifester sa présence d'une manière plus sensible et y répandre des grâces de choix. Telle est la raison surnaturelle de nos stations à Montmartre, à Notre-Dame des Victoires, à Paray-le-Monial, etc.

D'ailleurs, ces rapides stations sont dans l'esprit de l'Eglise. En effet, les processions ne passent jamais devant un sanctuaire sans s'y arrêter et y chanter quelque prière.

Faisons-les avec foi, avec confiance, avec reconnaissance envers la bonté divine, qui s'est plu à nous ménager, en tant de lieux, des sources inépuisables de grâces spéciales.

(Voir à la 3me partie, la notice consacrée aux sanctuaires qu'on doit visiter durant le pèlerinage.)

1. MÉDITATION

LES PÈLERINAGES EN L'HONNEUR DE MARIE.

Posuerunt me custodem.
Ils m'ont mise pour les garder.
CANT. I, 5.

Notre-Seigneur, non content de laisser au monde la Très Sainte Eucharistie, a daigné y joindre un autre trésor en nous donnant Marie pour Gardienne et pour Mère ; et de même que par sa volonté, le sacrifice des autels est offert et répand ses fruits dans tous les pays du globe, de même il a voulu faire éclater la protection et les bienfaits de la Vierge Sainte sur tous les points de la chrétienté ! C'est ainsi que, en Europe, en France, en Lorraine, partout, en retour des bienfaits reçus et comme gage de reconnaissance, les pèlerinages se sont multipliés en l'honneur de Marie.

I. L'Europe chrétienne tout entière est couverte de sanctuaires de Marie où les pèlerins vont porter leurs prières et leurs vœux.

En Italie, c'est : — à Rome, *Sainte-Marie-Majeure* avec son portrait peint par saint Luc, et où les Anges, dont Marie est la Reine, répondirent un jour par le chant du *Regina cœli lætare*, à la messe qu'y célébrait saint Grégoire ; — à Lorette, la *Sainte Maison*, lieu le plus sacré de l'univers après le Golgotha ; — ailleurs, d'autres lieux de pèlerinages si nombreux qu'on a pu dire qu'il n'est pas, en Italie, une seule ville où Notre-Dame ne se soit manifestée par des miracles...

En Espagne, c'est *Notre-Dame du Pilier,* dont tous connaissent la suave tradition. Quand saint Jacques vint évangéliser ce pays, il invoqua pour ses travaux d'apôtre la protection de la Sainte Vierge qui vivait encore et qui lui apparut sur un pilier resté à jamais célèbre...

En Suisse, c'est *Notre-Dame des Ermites,* sanctuaire dont la dédicace fut faite par Notre-Seigneur miraculeusement apparu...

Il faudrait des volumes pour la simple énumération de tous ces merveilleux sanctuaires.

II. Aucune contrée cependant ne l'emporte sur la France, pour le nombre des lieux de pèlerinages en l'honneur de Marie. Aucune n'a reçu de plus éclatants témoignages de sa protection. Tellement que nos pères qui acclamaient le Christ comme leur roi : « *Vivat, qui Francos diligit, Christus* : Vive le Christ, qui aime les Francs, » regardaient spécialement Marie comme leur Reine : « *Regnum Galliæ, regnum Mariæ;* le royaume de la France, c'est le royaume de Marie. »

Sainte Brigitte raconte dans ses *Révélations* qu'elle vit un jour dans le ciel saint Denys l'Aréopagite, notre premier apôtre, s'adresser à Marie et la supplier de secourir le pays de France; et elle entendit la divine Mère répondre qu'elle le ferait toujours. Ayons toujours présente à l'esprit cette réponse si consolante pour nous. La Mère de Dieu a tenu et tiendra encore sa promesse.

En effet, sur quel coin de notre patrie Marie n'a-t-elle pas marqué son empreinte ? C'est Notre-Dame de Chartres, le plus ancien autel élevé ici-bas en son honneur. C'est Notre-Dame des Victoires, Notre-Dame de Bétharram, Notre-Dame de Fourvière, Notre-Dame de la Garde, Notre-Dame de l'Epine, Notre-Dame de Rocamadour, Notre-Dame de la Treille..... C'est Notre-Dame de Liesse et sa touchante légende,..... avec des milliers d'autres encore.

Et dans ce siècle, voulant montrer que, malgré les infidélités de la plupart, elle n'oublie pas ses enfants, Marie continuait la chaîne des antiques traditions de son amour pour la France, par les solennelles apparitions de la Salette, de Lourdes et de Pontmain.

III. Notre Lorraine et notre Alsace ont eu leur grande part dans ces faveurs de choix, si bien que leur histoire n'est le plus souvent que l'histoire elle-même du culte de la Sainte Vierge. Chacun de nos diocèses a sa couronne de sanctuaires et de pèlerinages à Marie.

Que de pèlerins sont allés s'agenouiller en ces divers lieux! Que d'infirmes y ont trouvé leur guérison! La dévotion envers Marie était si vivement entretenue dans notre Lorraine, par des grâces de tout genres que pendant longtemps, à Saint-Dié et ailleurs, le peuple fidèle, l'après-midi du samedi, s'abstenait de travail servile et, dans cette moitié du jour consacré à Marie, se pressait aux pieds de ses autels...

Résolution. — Nous regarderons toujours comme notre titre le plus cher celui d'être les enfants et les dévots serviteurs de la Vierge Marie. C'est le gage assuré de notre salut éternel.

Pensée. — Marie nous appelle, et elle nous attend les mains pleines de grâces. Nous ne négligerons rien pour nous rendre dignes de ses faveurs.

Prière. — O Notre-Dame de Lourdes, ô Vierge sainte restée debout au pied de la Croix où Jésus vous proclama notre Mère, priez pour nous; priez pour ceux qui se glorifient d'être vos enfants de prédilection!

2. NEUVAINE.

(*Venez Esprit Saint, etc.*, page 104.)

2e jour. — O Marie, lis immaculé d'innocence! je me réjouis avec vous de ce que, dès le premier instant de votre Conception, vous avez été comblée de grâces et mise en possession du plein usage de votre raison. Je remercie et j'adore la très Sainte Trinité qui vous a enrichie de dons si précieux, et je me confonds devant vous en me voyant si pauvre et si dépourvu de grâces. Donnez-moi quelque part aux faveurs dont vous avez été si généreusement dotée, et faites-moi participer aux trésors de votre Immaculée-Conception.

(Neuf *Ave Maria*, un *Gloria Patri. Vous êtes toute belle,* etc., page 105.)

TROSIÈME JOUR

L'approche de Lourdes.

Le 3ᵉ jour du pèlerinage est celui qui précède l'arrivée à Lourdes. C'est le jour des marches les plus longues et les plus fatigantes. Ayons patience. Que de chemin la Mère de Dieu n'a-t-elle pas fait elle même pour venir à notre rencontre? Tout le chemin du ciel à la terre. Celui que nous achevons n'est rien en comparaison, si long soit-il. Puis, quand il sagit d'une rencontre avec la Reine des Anges, avec notre Mère, qui trouvera jamais qu'il lui faille chercher trop loin cette faveur? Allons donc courageusement au rendez-vous! Allons y avant tout par le cœur! Que nos désirs devancent la vitesse de nos chars de feu! Pour enflammer encore davantage ces désirs, nous méditerons ce matin sur le Pèlerinage de Lourdes en particulier.

1. MÉDITATION

LE PÈLERINAGE DE LOURDES

Tu honorificentia populi nostri.
Vous êtes l'honneur de notre peuple.
JUD. XV, 10.

Nous approchons de Lourdes. Transportons-nous dès maintenant par la pensée en face de l'incomparable sanctuaire qui sera bientôt sous nos yeux. La Grotte, la blanche statue de l'Immaculée, la Source, la Piscine, le Gave, la Basilique, autant de voix qui nous parlent, autant d'organes des enseignements de Marie.

I. *Voix de la Grotte.* — Sur la montagne de la Salette, Marie s'était arrêtée loin de nous, sur des hauteurs abruptes, où il nous était difficile de la rejoindre; mais à Lourdes, elle descend jusqu'au bord de la plaine et s'avance jusqu'à nous, afin qu'il n'y ait personne qui ne puisse répondre à ses avances. O Mère chérie, soyez bénie pour tant de prévenances ! Nous n'y demeurerons point indifférents.

Mais pourquoi, ô Marie, venez-vous dans les anfractuosités de ce rocher ? Est-ce parce qu'il vous rappelle les grottes de Nazareth et de Bethléem ? Il y a là un autre mystère. Ecoutons l'Esprit-Saint : « Que vous êtes belle, ô ma colombe, que vous êtes belle dans les ouvertures de la pierre. » disait-il de vous mille ans à l'avance, dans le *Cantique des Cantiques*. La pierre, c'est le Christ, c'est votre divin Fils ; les ouvertures de la pierre, ce sont les plaies faites par les clous et la lance dans sa chair sacrée, c'est principalement la plaie de son cœur. C'est là votre demeure, ô Marie!... le cœur blessé de votre divin Fils. Oui, c'est là que vous êtes venue vous établir pour vous y révéler à nous dans tout l'éclat de votre incomparable beauté et de votre séduisante bonté ! Attirez-nous-y avec vous. Ah ! puissions-nous tous, comme la voyante des roches Massabielle, vous contempler là de nos yeux purifiés et surnaturalisés !

II. *Voix de la statue de l'Immaculée.* — Dans la niche de la Grotte s'aperçoit la radieuse image de la Vierge, sculptée d'après les indications de Bernadette. L'art de la terre a fait ce qu'il a pu pour vivifier ce marbre qui respire la modestie, la douceur, la prière, l'extase... Mais combien l'Immaculée est plus belle encore ! *Quam pulchra es amica mea !*... O divine Mère, ôtez, nous vous en prions, ôtez le voile qui vous dérobe à nos regards ! Montrez-vous à nous !

Une naïve légende raconte qu'un personnage d'autrefois, à force de contempler une image, en avait contracté la ressemblance. Cela est vrai, à la lettre, de l'âme, miroir qui garde l'empreinte des objets qu'elle considère et qu'elle aime. O Marie, pendant que je m'arrêterai à contempler vos traits, faites rayonner vos vertus dans tout mon être !...

III. *Voix de la Source et de la Piscine.* — Au fond de la Grotte, murmure la source qui a jailli sur l'ordre de Marie, et à côté s'ouvre la piscine que cette source divine alimente.

L'histoire des siècles chrétiens montre que Dieu se plaît à faire jaillir des sources miraculeuses à la parole de ses serviteurs. A Lourdes, l'eau est survenue à la fois en témoignage de la vérité de l'apparition de la Mère de Dieu et comme instrument de ses miséricordes. Nouvelle Rébecca, Marie désaltère ici tous les Eliézers accourus pour lui demander à boire.

Lave mes yeux, mes lèvres et tout mon être, ô source bénie, afin que je sois tout à Dieu, tout à Marie !

La source alimente la piscine, la nouvelle Bethsaïda. Il y a dans la contrée beaucoup d'autres eaux célèbres. Elles soulagent quelques malades, mais innombrable est la multitude des maux qui avaient résisté à leur vertu et qui ont été guéris par l'eau de Lourdes. Ce résultat jette le trouble dans le camp des faux sages. Les savants du jour multiplient les analyses; ils voudraient demander à Dieu la raison de ses procédés et surprendre le jeu de sa puissance. Mais on n'évalue point par des équivalents et des formules les miséricordes infinies du Très-Haut et les ressources de son amour !... Pour nous, fidèles chrétiens, adorons le souverain Maître, croyons, ayons confiance, remercions et répondons aux largesses divines par des chants de foi, de bonheur et de paix.

IV. *Voix du Gave.* — Les flots du Gave qui roulent et se précipitent, parlent également au pèlerin.

Ils sont l'image de la vie! Les fleuves portent la fertilité dans la prairie; la vie bien employée nous mérite toutes les grâces. Quelle force admirable peut être obtenue par un cours d'eau que l'on endigue et qu'une chute bien ménagée met en œuvre! Quels prodiges n'opèrerions-nous pas si nous savions endiguer de même nos plus menus instants, et diriger leurs forces vers les œuvres que Dieu demande!...

Ils sont l'image des plaisirs fuyants de ce monde, souvent bourbeux, toujours impétueux, plus vite disparus qu'ils ne sont goûtés, submergeant et entraînant à une mort certaine quiconque se confie à eux. Fuyons-les pour nous désaltérer aux seules eaux limpides et tranquilles de la source donnée par Marie.

V. *Voix de la Basilique.* — Au-dessus de la Grotte et du rocher s'élève, avec sa crypte, la chapelle demandée par Marie. La crypte, humble et silencieux séjour où l'on prie si bien! où s'élèvent les tribunaux du pardon! retraite ignorée dont rien n'apparaît au dehors, mais qui sert de fondement et de support à la merveilleuse basilique! Ainsi, la vie de prière, de pénitence et d'humilité soutient tout l'édifice des vertus!

Je vous salue, Mère, vous êtes le Ciel; Saint Bernard a dit cette parole étonnante. Le pèlerin ravi est tenté de la répéter en entrant dans l'église de l'Immaculée-Conception. Quelle splendeur! Quel trésor! Et tout cela n'est qu'un reflet de vos gloires, ô Marie! *Vous êtes le ciel!* Comme au

Ciel, ici tout se prosterne et implore... Et ces bannières sans nombre, drapeaux sacrés sous lesquels sont rangées les tribus du nouvel Israël! Pas un coin de terre qu'elles ne représentent devant la Mère de Dieu. Celles de Metz et de Strasbourg, de notre Lorraine, y figurent à leur noble place... Puissent ces signaux de la croisade moderne arrêter les nouveaux barbares que l'enfer déchaîne aujourd'hui!... Oh! Marie, des multitudes vous suivent; prenez par la main Jésus votre fils, faites-le de nouveau proclamer roi par ce siècle qui est votre siècle, par notre patrie dont vous êtes la Reine immortelle : *oportet illum regnare ;* nous marcherons au bon combat à sa suite. Encore une fois, *je vous salue, Mère, vous êtes le Ciel.*

Résolution. — En ces jours de respect humain et d'indifférence, nous nous rangerons vaillamment autour de notre Mère. Elle est aussi redoutable aux démons qu'une armée rangée en bataille. Nous serons des chrétiens non-seulement pratiquants, mais militants. Nous prendrons une part active aux œuvres catholiques et nous tiendrons haut et ferme l'étendard de notre foi.

Pensée. — Marie est bonne pour tous ses enfants ; mais à l'imitation de son divin Fils de qui le prophète a dit cette consolante parole : *Bonus est occurrentibus se,* Elle *a des bontés particulières pour ceux* qui, mettant leur confiance en sa protection maternelle, vont à la rencontre de ses bontés.

Prière. — Notre-Dame de Lourdes, vous dont l'apparition a tant réjoui le monde, priez pour ceux qui viennent de si loin chercher votre sourire et vos faveurs !

2. NEUVAINE.

Venez Esprit-Saint, etc., (page 104).

3ᵐᵉ *Jour*. — O Marie, rose mystique de sainteté ! je me réjouis avec vous du glorieux triomphe que vous avez remporté sur le serpent infernal dans votre Immaculée-Conception, et de ce que vous avez été conçue sans la tache du péché originel. — Je remercie et loue de tout mon cœur la Très Sainte Trinité, qui vous a traitée avec une prédilection si singulière. — Je vous supplie de m'obtenir la grâce de surmonter toutes les embûches du démon, et de conserver mon âme exempte de la souillure du péché. O Marie, aidez-moi, sans vous lasser, et faites que par votre protection je triomphe toujours des ennemis de mon salut !

Neuf *Ave Maria*, un *Gloria Patri*... *Vous êtes toute belle*, etc., (page 105.)

QUATRIÈME JOUR

L'Arrivée à Lourdes.

Adeamus cum fiduciâ ad thronum gratiæ : Courons avec confiance au trône de la grâce et de la miséricorde, nous dit l'apôtre saint Paul (Héb. IV, 15.) Or, le trône de la miséricorde, c'est Marie. La place de ce trône sacré est, sans doute, au plus haut des cieux, sa place permanente ; mais quelquefois, par une faveur toute spéciale, Dieu veut qu'il se rapproche de nous et qu'il s'établisse momentanément en un coin privilégié de la terre, comme ici, à la Grotte. Et nous, nous voici pour plusieurs jours devant ce trône de la grâce, sur le point de paraître à l'audience. Faveur d'un prix inestimable, enviée par des millions de frères à qui elle ne sera jamais faite! N'en laissons point échapper la moindre parcelle : *Ne particula boni doni te prætereat.* Préparons nos demandes; ne craignons pas de demander beaucoup, pour nous et pour les autres. Mais tout d'abord établissons-nous dans les dispositions voulues pour être exaucés.

1. MÉDITATION

LES BIENVENUS DE NOTRE-DAME DE LOURDES

> *Domine, quis habitabit in tabernaculo tuo, aut quis requiescet in monte sancto tuo?*
> Seigneur, qui habitera dans votre tente? Qui se reposera sur votre sainte Montagne? (Ps. xiv, 1.)

Dieu n'admet pas qui le voudrait à ses communications intimes, mais ceux-là seulement qu'il trouve disposés. Qui sont-ils. Les saints? Les fervents? Oui et avec eux tous ceux dont l'âme est simple, loyale, sincère. *Qui loquitur veritatem in corde suo :* oui, celui qui dit la vérité dans son cœur et qui n'use point de tromperie dans ses paroles, voilà celui que Dieu attire à lui; la simplicité du cœur, la loyauté de l'âme, la droiture de la volonté, voilà les dispositions qui l'attirent à son tour vers nous, que nous soyons fervents, tièdes ou pécheurs; ainsi en est-il de Marie.

I. Les bienvenus de Notre-Dame de Lourdes sont d'abord les âmes pures : *Qui ingreditur sine macula et operatur justitiam;* ceux qui mènent une vie sans tache et pratiquent la justice.

Bernadette était pure, c'est pourquoi elle fut

admise à voir la Mère du Ciel dans sa gloire : *Beati mundo corde, quoniam ipsi Deum videbunt.*

Les deux congréganistes qui accompagnaient Bernadette étaient pures aussi ; c'est pourquoi la Mère de Dieu arrêta sur elles des regards de complaisance.

Purifions-nous, soyons aussi purs que Bernadette, et nous aurons part à son bonheur.

Auprès de Marie, nul besoin de science, de noblesse, de grandeur. Comme Dieu, ce qu'elle regarde, ce qu'elle apprécie, c'est le cœur. Bernadette était ignorante, pauvre, obscure ; mais son cœur était rempli de l'amour de Dieu.

Lorsque Notre Divin Sauveur vint en ce monde, il ne se donna pas une mère illustre et riche ; il la prit pauvre, ayant pour époux un simple artisan ; il naquit dans une étable ; plus tard, quand il eut à choisir ses disciples, il laissa de même les savants et les riches pour appeler de pauvres pêcheurs du lac de Galilée.

En se communiquant à Bernadette, Marie a donc marché sur les traces de son Fils, Jésus et Marie veulent ainsi nous apprendre l'indispensable vertu d'humilité.

Si donc quelque chose nous distingue des autres, souvenons-nous que Dieu ne fait nul compte de ces avantages terrestres dont les mondains s'enorgueillissent, pour lesquels nous serions nous-mêmes tentés de nous préférer au prochain ; tenons-nous dans l'humilité.

Si au contraire nous sommes petits, ne nous en attristons pas. A la Grotte plus encore qu'ailleurs, c'est aux humble que Dieu prodigue ses faveurs : *Deus humilibus dat gratiam.*

Cependant la pauvreté comme telle ne suffit

pas. Il ne manquait point, à Lourdes, d'autres enfants pauvres, simples et ignorants. Pourquoi donc Marie a-t-elle favorisé de préférence l'humble Bernadette ? C'est que Bernadette avait l'âme simple, droite, loyale, animée du désir sincère du bien. Elle ne savait pas lire, mais on lui avait parlé de son Créateur, de son divin Sauveur, de sa mère du ciel, et tout de suite son cœur s'était tourné vers Dieu, vers Jésus et vers Marie, de toute la force de ses affections ; et pour les servir elle faisait ce qu'elle pouvait, récitant souvent et avec dévotion le chapelet, disant fidèlement l'Angelus, etc.

C'est qu'ensuite Bernadette se plaisait dans tout ce qui élevait son âme vers Dieu, au point que ses compagnes, la tournant en ridicule, disaient d'elle : « Celle-là n'est bonne que pour prier. »

C'est qu'enfin ayant correspondu aux grâces d'En-Haut dans la mesure où elle les avait reçues, elle était disposée à y correspondre jusqu'au bout.

Nous aussi, laissons-nous toujours conduire docilement par la grâce, quelque loin dans la vertu qu'elle doive nous faire aller. Ne disons pas : « J'ai déjà fait ceci et cela pour Dieu : c'est assez ; je ne ferai pas davantage. » Dans le service de Dieu, *ne pas avancer, c'est reculer ;* ne pas faire valoir le talent qu'on a reçu, c'est s'exposer immanquablement à s'en voir bientôt entièrement dépouillé.

De la simplicité et de la générosité : *Sursum corda.*

II. Mais si Marie a des prédilections certaines pour les âmes pures, elle est loin de repousser les pécheurs. Écoutons.

Bernadette ayant demandé à l'Apparition, au

nom des deux congréganistes qui l'accompagnent, si leur présence ne lui déplaisait pas : *Elles peuvent revenir avec vous, elles et d'autres encore*, répondit la Mère de Dieu ; *j'aime qu'il vienne du monde.* **D'autres encore ; du monde :** parmi ces *autres*, dans ce *monde*, que Marie désire voir venir, il y aura nécessairement des pécheurs, beaucoup de pécheurs.

La Mère de Dieu n'est-elle pas d'ailleurs la Mère des pécheurs, leur refuge ! Comme Jésus, n'est-elle pas venue pour eux plus encore que pour les justes ? Qu'ils ne s'éloignent donc pas !

« Il s'opère assurément de bien grandes merveilles sur les malades qui sont plongés dans les piscines de la grotte, disait un missionnaire, mais combien plus nombreuses et plus merveilleuses encore les guérisons et les résurrections qui s'accomplissent dans ces autres piscines de la pénitence, dont Marie a fait remplir sa crypte et sa Basilique ! »

Sachons-le toutefois, ceux auxquels Notre-Dame de Lourdes fait cet accueil si empressé, ce sont les pécheurs, sinon déjà totalement convertis, du moins sincèrement disposés, de près ou de loin, à se convertir. De loin, disons-nous, car la bonne Mère se contente des dispositions les plus lointaines, pourvu qu'elles soient sincères. Ici encore, ce qui l'attire, ce qui donne prise à son action miséricordieuse et toute puissante sur une âme, c'est la droiture et la loyauté : *Qui loquitur veritatem in corde suo.*

Vous regrettez vos fautes, mais il vous en coûte de vous séparer des objets ou des personnes qui vous ont fait tomber ; vous avez le désir de vous relever et de persévérer, mais un désir trop faible, un désir inefficace ; offrez à la Mère des pécheurs, ce commencement de regret et ce germe de désir ; demandez-lui sincèrement et loyalement de vous aider à les changer en résolutions efficaces, et vous serez exaucés.

Peut-être n'avez-vous même pas ce repentir imparfait, mais vous désirez l'obtenir ; si ce premier désir, si cette disposition toute lointaine est sincère, approchez encore sans crainte, vous serez aussi les bienvenus.

III. Marie ne se contente pas d'accueillir avec miséricorde les pécheurs qui se présentent eux-mêmes ; elle pense à ceux qui restent volontairement éloignés d'elle et demande qu'ils lui soient amenés : « *Priez pour les pécheurs,* » dit-elle.

Si donc dans nos familles, parmi nos amis, autour de nous, nous avions quelqu'un de ces malheureux aveugles, de ces pauvres endurcis qui n'ont plus même le souci de sauver leur âme, recommandons-les à la bonne Mère ; ne nous lassons pas de lui dire : *priez pour nous, pauvres pécheurs ;* à force de lui répéter leurs noms, écrivons les dans son cœur ; et, si loin de Dieu soient-ils, son influence saura les atteindre, sa voix arrivera jusqu'au fond de leur cœur, et elle ne cessera pas de les rappeler vers Dieu, qu'ils n'aient entendu et répondu à son appel.

Résolution. — Nous ferons souvent aujourd'hui cette prière du saint roi David : *O mon Dieu, créez en moi un cœur pur et faites-moi, au fond des entrailles, un esprit nouveau, qui aille droit à vous.*

Pensée. — Par la simplicité, la loyauté, la droiture de notre âme, nous nous disposerons à recevoir toutes les faveurs dont Dieu se prépare lui-même à nous combler, grâce à l'intercession de Marie.

Prière. — O Vierge Immaculée, faites que durant tous ces jours vous trouviez en moi une de ces âmes simples avec lesquelles vous vous plaisez à converser ! *Sermocinatio ejus cum simplicibus*.

2. NEUVAINE

Venez Esprit-Saint, etc., (page 104.)

4ᵉ Jour. — O Marie, miroir immaculé de pureté ! je me réjouis de tout mon cœur de ce que, dans votre Conception, les plus sublimes et les plus parfaites vertus, ainsi que tous les dons du Saint-Esprit, vous ont été abondamment départis. — Je remercie et loue la Très Sainte Trinité qui vous a si merveilleusement comblée. — Je vous supplie, ô Mère pleine de bonté, de m'obtenir la grâce de mettre en exercice les vertus déposées en moi par le saint baptême et de me rendre par là digne de recevoir la grâce et les dons du Saint-Esprit !

Neuf *Ave Maria ; Gloria Patri*..... Puis, la suite : *Vous êtes toute belle*, etc. (page 105.)

CINQUIÈME JOUR

Premier passé à la Grotte.

Les jours passés à la Grotte sont des jours de bénédictions, des jours de repos, des jours de délices, des jours de commerce intime avec notre Mère ; des jours pendant lesquels nous nous mettons à son école, écoutant ses *demandes*, recevant ses *enseignements*, recueillant ses *bienfaits*.

Aujourd'hui nous penserons spécialement à ce que Marie *demande* de nous.

1. MÉDITATION

LES DEMANDES DE MARIE

Si scires donumDei.
Si vous saviez tout le bien que
Dieu vous fait par moi.
(S. JEAN, IV, 10).

Marie s'abaisse à nous adresser des demandes, à *nous prier ;* quelle condescendance ! Combien grand aussi le respect qu'elle porte à notre liberté et à notre dignité d'enfants de Dieu ! Mais, que nous demande-t-elle ? Ce qu'une mère demande à ses enfants : que nous la laissions nous faire du bien, que nous lui permettions de guérir nos maux ; pas autre chose.

I. **1ʳᵉ Demande.** — *Voulez-vous me faire la grâce de venir ici pendant quinze jours ?*

Me faire la grâce : encore une fois, quel langage dans la bouche de la Mère de Dieu !

Faire une grâce à quelqu'un, c'est lui faire une chose agréable, qu'à la rigueur on ne lui doit pas, et pour laquelle il sera tenu à de la reconnaissance. Nous pouvons donc rendre la sainte Vierge notre obligée !

De venir ici... dans la demeure que je me suis choisie, pour vous avoir près de moi, sous mon regard, à l'ombre de mes ailes... La cause de notre malheur, aussi bien que de celui de l'enfant prodigue, c'est de nous être éloignés de la maison de notre Père et d'avoir fui la présence de notre Mère, qui sont aux cieux : les uns par l'oubli, les autres par l'indifférence ou par la révolte. Que nous revenions un jour auprès de cette mère si bonne et si tendre, que nous contemplions quelque temps ses traits, que nous entendions sa voix, et nous serons pour toujours retenus près d'elle, tant est suave sa tendresse, tant est douce sa parole, tant est captivante sa virginale figure !

Pendant quinze jours... Non pas qu'un jour, une heure, un moment ne lui suffisent pour nous dire une de ses victorieuses paroles qui nous rendront la paix en nous ramenant à Dieu ; mais il nous faut plus de temps à nous pour graver ses leçons dans notre cœur et pour fixer notre inconstance naturelle.

Au lieu de quinze jours, il ne nous sera donné que quatre ou cinq jours. Employons-les bien.

Voulez-vous ? Notre bonne mère ne nous force donc pas, elle se contente de nous inviter ; elle nous attire, à nous de céder à ses attraits ; notre bonheur dépend d'un acte de notre volonté. Ne résistons pas ! O liberté ! combien est redoutable l'usage que je vais faire de toi pendant mon Pèlerinage ?

II. 2ᵉ **Demande.** — *Je désire qu'il vienne du monde.*

Le cœur de Marie n'est pas moins grand que sa puissance ; elle désire faire du bien à tous ses enfants, parce qu'elle en a le pouvoir ; elle a les mains remplies de faveurs, et elle voudrait qu'il n'y eût aucun malheureux sur qui elle ne pût les ouvrir.

Mais alors, dira-t-on, si tel est son désir, est-ce qu'elle ne pourrait pas commander aux Anges de le satisfaire, en assemblant les foules à la grotte, des quatre coins du monde? Elle le pourrait, sans doute; mais telle n'est pas la conduite ordinaire de la Providence : *Unicuique mandavit de proximo suo ;* c'est à chacun de nous que Dieu a confié le soin du prochain, et non pas seulement aux Anges.

Le visage transfiguré de Bernadette, le recueillement de sa prière, la constance de son témoignage devant les puissants du siècle, voilà ce qui a soulevé et fait venir le monde. Il faut qu'il en soit ainsi de nous : le rayonnement du bonheur dont nous aurons joui à la Grotte, la vue des fruits qu'aura produits sur nous notre séjour en ce lieu de grâces, notre exemple, voilà pareillement ce qui recrutera dans l'avenir de nouveaux pèlerins à Marie.

Il n'est aucune grâce, si petite soit-elle, qui n'entraîne une responsabilité sociale. Combien plus la grâce insigne du pèlerinage de Lourdes !

III. 3ᵉ **Demande**. — *Allez dire aux prêtres que je veux qu'on m'élève ici une chapelle.*

Une chapelle ! Il n'y a nulle part, il n'y a jamais eu, il n'y aura jamais de religion sans temple ; aussi toute dévotion particulière a-t-elle besoin d'un sanctuaire qui lui serve de centre et la perpétue.

A quoi devaient conduire les apparitions à Bernadette, les guérisons miraculeuses, les grâces intérieures, l'œuvre de N.-D. de Lourdes tout entière ? Au réveil de la foi, à cette foi agissante qui conduit elle-même à la réception des Sacrements, à la méditation de la parole révélée, à l'observation de la loi divine ; or, c'est dans les églises qu'est érigé le tribunal de la pénitence, qu'est dressée la table eucharistique, que s'élève la chaire de l'Evangile. C'est pour cette raison que Marie demande une *chapelle*. Tenons donc à nos églises.

Celle qui s'abaisse à demander, bien qu'Elle soit la Maîtresse de toutes choses, se contente d'une chapelle ; mais notre amour pour Marie nous fera faire l'impossible pour lui donner au-delà de

ce qu'elle demande. Au lieu d'une simple chapelle, ses enfants lui élèveront une Basilique
d'une magnificence incomparable, et après cette
Basilique une église plus belle encore, l'église du
Saint Rosaire.

Ainsi devrions-nous faire toujours, donner à
Marie plus qu'elle ne nous demande ; car en lui
donnant, c'est nous que nous enrichissons.

Allez dire aux prêtres ; ce sont eux, en effet,
que le Divin Maître a chargés de tout ce qui a
rapport à la religion ou au service de Dieu. Si
Marie respecte leur autorité et leurs prérogatives,
qui serait excusable de les mépriser ?

IV. **4ᵉ Demande.** — *Je veux qu'on y vienne en
procession.*

La procession, c'est la prière suppliante, per-
sévérante, publique, pénitente.

Depuis trop longtemps, on semblait se cacher
pour prier, comme si Dieu n'avait pas droit au
culte public aussi bien qu'au culte privé ; depuis
trop longtemps aussi, on avait l'air de ne prier que
pour remplir un devoir de convenance, non pour
appeler Dieu au secours de ses misères ; enfin,
on ne priait plus guère que du bout des lèvres et
par manière d'acquit. Telle n'est pas la prière
qu'il faut à des nécessiteux, à des pécheurs : la
prière qui nous est commandée, la vraie prière
est celle dont l'Eglise donne l'exemple dans ses
Litanies, aux processions.

Telle est aussi la volonté de Marie, lorsqu'elle
demande que notre long voyage à travers la France
se fasse comme une *procession.* Comment avons-
nous répondu à cette demande en venant à Lourdes ? Comment y répondrons-nous à notre retour ?
C'est le cas d'appliquer ici ces paroles du divin
Maître : « Que les hommes voient vos bonnes

œuvres, afin que cette vue les amène à glorifier votre Père céleste qui est dans les Cieux. »

Résolution. — Assiduité aux prières qui se font à la Grotte et aux piscines, assistance aux offices et aux processions : nous ne refuserons à Marie rien de tout ce qu'elle nous demande.

Pensée. — Marie ne me demande rien qui ne doive tourner à mon avantage en ce monde et en l'autre.

Prière. — *Tuus sum ego* : je suis tout à vous, ô ma Mère, pour faire tout ce que vous me demandez.

2. NEUVAINE

Venez Esprit-Saint (page 104).

5me *Jour.* — O Marie, astre resplendissant de pureté ! je me félicite avec vous de ce que le mystère de votre Conception Immaculée a été le principe du salut du genre humain et la joie de l'univers. — Je remercie et bénis la très sainte Trinité qui vous a ainsi élevée et glorifiée. — Je vous supplie de m'obtenir la grâce de profiter de la Passion et de la mort de votre divin Fils, afin que son sang n'ait pas été répandu inutilement pour moi, sur l'arbre de la croix, mais qu'au contraire je vive saintement et meure dans son amour !

Neuf *Pater* et *Ave Maria,* un *Gloria Patri;* puis : *Vous êtes toute belle,* etc. (page 105).

SIXIÈME JOUR

Deuxième passé à la Grotte.

Si Marie nous demande, avons-nous dit, c'est afin de pouvoir nous donner ce dont nous avons besoin, à commencer par ses enseignements. Ils seront l'objet de notre méditation de ce jour.

1. MÉDITATION

LES ENSEIGNEMENTS DE N.-D. DE LOURDES.

Beatus homo qui audit me.
Heureux l'homme qui m'écoute.
(Prov. viii).

Son extérieur, ses paroles, tout est enseignement pour nous en N.-D. de Lourdes.

I. Notre-Dame de Lourdes nous enseigne d'abord par tout son extérieur :

— Par la longue robe blanche dont elle est revêtue et qui est le symbole de la pureté sans tache de toute sa vie ;

— Par la simplicité de sa tenue consistant en une robe, une ceinture, un voile : simplicité qui est une protestation éloquente contre le luxe effréné des femmes de nos jours, lesquelles ne savent plus comment se vêtir ;

— Par les roses d'or qui fleurissent sur ses pieds : emblème de la charité, prompte à porter partout la bonne nouvelle du salut : *Quam pulchri pedes evangelizantium !*

— Par ses yeux souvent tournés vers le ciel : nous donnant à comprendre par là que, si nous savions, comme les bienheureux, ce que c'est que Dieu ; si nous avions, comme eux, une juste idée du bonheur dont il inonde ses élus, nous nous pencherions moins vers la terre au-dessus de nous, et nous lèverions plus souvent la tête, nous écriant : Ici-bas, c'est la vallée des larmes ; là-haut seulement se trouve le bonheur.

— Par la jeunesse de ses traits et par la grâce infinie de ses regards et de ses sourires, qui nous montrent la pureté de l'âme comme la source où il faut chercher ces dons si enviés ;

— Par le Rosaire qui pend à sa ceinture, par la croix d'or qui le termine, par ses mains jointes ; toutes choses qui prêchent l'excellence de la dévotion propagée par saint Dominique et tant recommandée par l'Eglise ;

— Par l'abri qu'Elle occupe dans l'ouverture du rocher, symbole du côté ouvert de Jésus, qui est appelé partout dans les Saintes Ecritures notre rocher, la pierre angulaire, la pierre fondamentale, sur laquelle est bâti l'édifice de l'Eglise ;

— Par la lumière qui l'enveloppe, comme un reflet de sa pureté immaculée.

Recueillons les uns après les autres ces premiers enseignements, et qu'aucun ne sorte jamais plus de notre mémoire.

II. Marie nous enseigne aussi par ses paroles. Et que nous dit-elle ?

1° *Vous prierez*... La prière est comme la respiration de notre âme. Sans respiration, point de vie pour le corps ; avec une respiration insuffisante ou viciée, point de santé ni de force ; de même, sans prière, point de vie chrétienne, point de sainteté pour les justes, point de salut pour les pécheurs.

Ce n'est pas la première fois que la Mère de Dieu apporte cette recommandation à la terre ; que de fois ne l'avait-elle pas déjà renouvelée ? Au XIII° siècle, par la bouche de son apôtre saint Dominique ; dans la première moitié de notre XIX° siècle, en 1830, par l'intermédiaire de la sœur Catherine Labouré et à l'aide de la médaille de l'Immaculée-Conception, ayant pour devise : *O*

Marie conçue sans péché, priez pour nous qui avons recours à vous ! quelques années plus tard par le saint M. Desgenettes, curé de Notre-Dame des Victoires, en lui inspirant la création de l'Archiconfrérie pour la conversion des pécheurs, laquelle n'est qu'un vaste enrôlement de soldats de la prière ; plus récemment, par les enfants de la Salette et ceux de Pontmain. N'est-ce pas aussi cette tendre Mère qui, dès les premiers temps de l'Eglise, inspirait à l'apôtre saint Jacques le Mineur, son parent, près duquel elle vivait à Jérusalem, ces paroles mémorables : « Priez les uns pour les autres, en vue de procurer mutuellement votre salut ; *Orate pro invicem, ut salvemini.* »

Mais quoi ! Est-ce donc que Marie ne suffit pas à notre salut ? Est-ce que sa prière, qui est toute puissante sur le cœur de son Fils, aurait besoin d'être aidée par la nôtre ?... Il en est ainsi. En effet, *Dieu qui nous a créés sans nous, ne nous sauvera pas sans nous ;* en d'autres termes, à toute grâce méritée par Jésus et obtenue par Marie, il faut notre coopération, la nôtre ou celle des autres fidèles formant avec nous les membres du corps mystique du Sauveur ; or, la première des coopérations est celle de la prière.

2o *Pénitence ! pénitence ! pénitence !*... La pénitence a toujours été nécessaire. C'est pour la prêcher aux Juifs que Jean-Baptiste fut envoyé devant le Sauveur ; les apôtres et les soixante-dix disciples ne reçurent pas à leur tour d'autre mission au commencement ; le divin Sauveur lui-même, durant les deux premières années de son ministère, redisait sans cesse : *Si vous ne faites pénitence, vous périrez tous.* C'est que, seule la la pénitence prépare les voies au règne de Dieu ; et en ces jours, où les péchés se multiplient et où les pêcheurs font la guerre à Dieu, à l'Eglise, aux âmes, il faut une pénitence double et triple.

Ne craignons donc pas de suivre l'exemple qui nous est donné ici de la prière à genoux et les bras en croix. En même temps, acceptons en esprit d'expiation les privations, les fatigues et toutes les autres incommodités du pèlerinage, ainsi que toutes les épreuves de la vie présente.

3° *Vous baiserez la terre... Allez manger de cette herbe qui est là;* ce sont les actes de pénitence qui conviennent au pécheur orgueilleux et sensuel. Gardons-nous donc de regarder ces actes et d'autres semblables comme indifférents, ou indignes de nous.

4° *Allez boire à la fontaine et vous y laver.* Cette fontaine sortant du rocher de la Grotte figure les eaux salutaires de la grâce qui ont jailli du côté ouvert du Sauveur. Buvons aussi à cette source céleste, par la fréquente réception de la très sainte Eucharistie ; lavons-nous-y, en nous plongeant dans les piscines du sacrement de Pénitence.

Résolution. — Nous prierons Marie de nous aider, en éclairant nos âmes, à comprendre tous ses enseignements et à les graver indestructiblement dans nos cœurs.

Pensée. — N'allons pas chercher la sagesse plus loin ; elle est dans ces quelques paroles de Marie à l'ignorante Bernadette.

Prière. — O Marie, vous qui êtes le siège de la divine Sagesse, obtenez-moi la grâce d'écouter et de goûter toujours vos enseignements.

2. NEUVAINE

Venez, Esprit-Saint, etc. (page 104).

6ᵉ *Jour.* — O Marie, étoile brillante de pureté,

je me réjouis avec vous de ce que votre Immaculée-Conception a ravi de joie tous les anges dans le ciel. — Je remercie et bénis la très sainte Trinité qui vous a ainsi accordé un si beau privilège. — O Marie, faites qu'un jour je prenne part à cette joie, et que je puisse, dans la compagnie des anges, vous louer et vous bénir pendant toute l'éternité !

Neuf *Ave Maria !* un *Gloria Patri !* puis le verset : *Vous êtes toute belle,* etc. (page 105).

SEPTIÈME JOUR

Troisième passé à la Grotte.

Tel était le bonheur dont Bernadette avait joui auprès de la Vierge Immaculée, qu'elle ne pouvait plus résister à l'attrait qui la ramenait chaque jour à la Grotte. Si nous imitons l'ardeur de la fidèle voyante à recevoir les enseignements célestes et sa docilité à les suivre, nous aurons part à son bonheur et nous éprouverons, nous aussi, ces attraits de la grâce qui rendent si doux les moments passés avec Dieu.

1. MÉDITATION

ENCORE LES ENSEIGNEMENTS DE N-D. DE LOURDES

> *Os meum aperui, et attraxi spiritum.*
> J'ai ouvert la bouche, et j'ai attiré
> l'air que je respire.   (Ps. 118).

1. *Priez...* Ce que l'air est à notre corps, la grâce, qui est comme l'air des demeures célestes, l'est à notre âme ; et ce que la respiration est à l'air, le moyen naturel de l'attirer en nos poitri-

nes, la prière l'est à la grâce ; de sorte qu'on peut en toute vérité dire de la prière, qu'elle est la respiration de notre âme. L'une n'est pas moins nécessaire à l'entretien de notre vie surnaturelle, que l'autre ne l'est à l'entretien de notre vie corporelle.

Un homme qui ne respire plus, un asphyxié, sera bientôt mort, s'il ne l'est déjà ; une âme qui ne prie plus ne tardera pas non plus, en se séparant de Dieu qui est sa vie par quelque péché grave, à mourir, et en attendant, elle languira.

Sans prière ou sans ferveur dans la prière, je resterai faible de toutes les faiblesses de la créature ; avec la prière continue et fervente, je serai fort de toutes les forces du Créateur.

S'il y a des âmes qui vont au ciel et s'il en est d'autres qui vont enfer, c'est avant tout parce qu'il y en a qui prient et qu'il en est qui ne prient pas... S'il y a des âmes qui marchent vers la perfection et s'il en est d'autres qui croupissent dans la tiédeur, c'est encore parce que celles-là prient bien et que celles-ci prient mal.

Marie le sait, c'est pourquoi elle dit : *Priez.*

Chez les malheureux qui se meurent d'asphyxie, une première aspiration de l'air prépare et facilite la suivante ; il en est de même chez les pécheurs, ces pauvres asphyxiés spirituels : la grâce qu'ils obtiendront par une première prière leur rendra les autres prières plus faciles.

Il y a des lieux où la respiration, bien qu'elle se fasse imparfaitement et avec peine, profite plus aux corps malades, parce que l'air y est à la fois et plus pur et plus riche d'éléments vivificateurs ; il y a également pour les âmes des sanctuaires dans lesquels la prière est plus efficace et plus salutaire, parce que les courants de la grâce y sont plus intenses. Telle est entre toutes les autres la Grotte de Lourdes. Et c'est pourquoi notre Mère du ciel dit à ceux qu'elle y amène : *Priez*, comme le médecin dit au malade qu'il envoie sur les hauteurs : *Respirez*.

La prière la meilleure est celle qui est accompagnée de la pénitence et de l'aumône : *Bona est oratio cum eleemosyna et jejunio;* celle qui a pour objet les choses utiles au salut; celle qui s'appuie sur les mérites de la vie et de la mort de notre divin Sauveur ; celle enfin qui est soutenue par l'intercession de la Mère de Dieu ;..... c'est la prière du *Saint Rosaire,* la prière que nous recommande N.-D. de Lourdes par ses encouragements, par son approbation et par son exemple. Aimons donc à réciter le Saint Rosaire.

II. *Priez pour les pécheurs.* — Les pécheurs, surtout les pécheurs aveuglés et endurcis, sont, avons-nous dit, les asphyxiés de la vie spirituelle.

Que fait-on à un asphyxié, à un noyé qui ne respire plus et qui n'a plus la force de respirer de lui-même ! On commence par lui infuser petit à petit, par des moyens extérieurs, les premières effluves de l'air qui lui manque ; on aide ensuite sa poitrine à produire spontanément le mouvement respiratoire qui attirera régulièrement en elle des masses nouvelles de cet air vivifiant, en même temps qu'il en fera sortir l'air vicié ; et on lui continue ce secours jusqu'à ce qu'il soit en état de se suffire.

Ainsi la charité nous impose-t-elle le devoir d'agir envers le pécheur. Ne priant plus, le pécheur n'attire plus en lui la quantité de grâces qui lui est nécessaire pour vivre : prions à sa place ; faisons-le respirer ainsi de nouveau l'air du ciel ; procurons-lui les secours dont il a besoin pour se relever et pour vivre. Instruisons-le, exhortons-le, reprenons-le, animons-le par notre exemple ; mais, avant tout, prions, afin de lui obtenir la grâce de prier lui-même, avec celle d'apporter, aux grâces subséquentes qui lui seront faites, la correspondance nécessaire, sans laquelle il serait abandonné de Dieu : « Dieu qui nous a créés sans nous, ne nous sauvera pas sans nous. »

Oh ! quelle profondeur dans cet enseignement de la Mère de toute sagesse : « *Priez pour les pécheurs.* » Que d'âmes seront sauvées par les prières qu'a demandées Marie ! Quel bien opèreront dans toute l'Eglise ces prières qui se font pour les pécheurs !

Il a été révélé à une grande sainte qu'au milieu des bouleversements qui ont agité plusieurs fois le monde, l'Eglise eût péri dans le commun naufrage, sans les prières de ses enfants,... si l'Eglise pouvait jamais périr.

III. *Je suis l'Immaculée-Conception.* — C'est-à-dire, si je suis devenue la Mère de Dieu, si mon âme a été ornée de toutes les vertus et de tous les dons de l'Esprit-Saint, si ma vie est restée sans tache, c'est parce que j'ai été conçue sans la souillure du péché originel et préservée de ses suites. Efforcez-vous donc de me ressembler ; soyez, vous aussi, purs de corps et d'âme, et pour cela luttez contre la concupiscence, mortifiez vos passions, soumettez la chair à l'esprit. Immaculés comme Marie, nous ne le serons jamais ; mais notre perfection sera d'approcher de plus en plus d'une plus entière ressemblance avec elle.

Voilà donc les deux extrémités de notre vie spirituelle : l'une, la prière, qui en est le point de départ, comme le premier mouvement, et par laquelle nous arrivons à la pénitence, à la foi, à la charité ; l'autre, qui en est le terme, la charité, état dans lequel, purifiés de toutes nos souillures, nous devenons maîtres de tous nos mauvais penchants. Oh ! Marie ! aidez-nous à passer de l'une à l'autre.

Résolution. — Nous nous efforcerons d'arriver, par la prière, à une vie de plus en plus parfaite, et nous ne nous arrêterons point que nous ne nous soyons approchés du modèle qui nous est proposé : l'**Immaculée**. Nous travaillerons à faire sans cesse des progrès nouveaux dans la haine du péché, dans l'estime de la grâce sanctifiante et dans l'amour de la chasteté.

Pensée. — La prière transfigurait Bernadette. Pourquoi ne transfigurerait-elle pas chacun de nous ?

Prière. — O mon Dieu, *purifiez-moi avec l'hysope ; créez en moi un cœur pur.*

2. NEUVAINE

Venez Esprit-Saint, etc. (page 104).

7ᵉ *Jour*. — O Marie Immaculée, aurore naissante d'une beauté qui ira toujours grandissant ! je me réjouis avec vous de ce que, dès le premier moment de votre Conception, vous avez été confirmée en grâce et mise à l'abri pour jamais du péché. — Je remercie et exalte la Très Sainte Trinité qui vous a gratifiée seule de cette insigne prérogative. — O Vierge sainte, obtenez-moi une horreur constante du péché, faites que je le déteste plus que tous les maux, et que je meure plutôt que d'offenser Dieu à l'avenir !

Neuf *Ave Maria ;* un *Gloria Patri ;* puis, le Verset : *Vous êtes toute belle* (page 105).

HUITIÈME JOUR

Quatrième passé à la Grotte.

Nous l'avons dit, si Marie nous demande, c'est uniquement pour nous disposer à recevoir ce qu'elle même veut nous donner. Nous méditerons donc aujourd'hui sur les faveurs qui doivent être la récompense de notre visite à la Grotte ; sur les sourires, les secrets, les promesses et les bienfaits de l'Immaculée.

1. MÉDITATION

LES SOURIRES, LES SECRETS, LES PROMESSES ET LES BIENFAITS DE MARIE

> *Trahe me post te ; curremus in odorem unguentorum tuorum.*
> Entrainez-moi après vous ; nous courrons à l'odeur de vos parfums.
> (*Cant. des Cant.*)

I. *Sourires de l'Immaculée.* — A la Salette, Marie pleurait ; à Lourdes, elle sourit habituellement. Elle pleurait à la Salette parce qu'alors elle n'avait que des menaces à apporter sur la terre ; elle sourit à Lourdes, parce qu'elle y apporte des promesses et des bienfaits.

La Mère de Dieu sourit à la récitation du Rosaire par Bernadette ; elle sourit à la vue des foules qui s'associent et qui s'associeront dans l'avenir à la prière de la Voyante, parce que ces prières ferventes, continues, publiques, de tout un peuple, sont le principe de l'œuvre de salut qu'elle vient accomplir dans le monde.

Toutefois, lorsque son regard vient à s'étendre

plus au loin dans les foules, il se voile, parce qu'il rencontre au milieu d'elles des endurcis et des rebelles qui repoussent ses grâces.

Ne soyons pas du nombre de ceux qui font pleurer leur Mère : soyons plutôt de ceux qui, avec Bernadette, la font sourire !

Procurer des sourires à sa Mère, quelle joie ! mais en être l'objet, quel bonheur pour toute la vie !

II. *Les secrets.* — *J'ai à vous dire pour vous seule... une chose secrète. Me promettez-vous de ne jamais la révéler à personne en ce monde ?*

J'ai à vous dire une chose secrète. — Un secret est un bien personnel dont on ne saurait partager la jouissance avec la foule, mais que l'on réserve à quelques amis ; la confidence de ce secret est à la fois le moyen et le signe d'une amitié tout intime ; elle suppose chez celui qui la reçoit un dévouement absolu à celui qui la lui fait, et chez celui qui la fait une confiance entière en celui qui la reçoit.

Rendons-nous dignes des confidences de la Mère de Dieu. Quel en sera l'objet ? Auront-elles rapport à sa gloire, à notre vocation, à notre conversion, à notre avancement dans la vertu, au salut de nos frères ? Peu importe ; il doit nous suffire qu'elles soient pour nous la preuve de l'amitié de la Reine du Ciel.

Me promettez-vous de ne jamais la révéler ? Le monde dédaigne, parce qu'il les ignore, les communications célestes ; à quoi bon les exposer à ses blasphèmes ? Elles ont, du reste, un parfum qui s'évapore, quand on les découvre intempestivement.

III. *Les bienfaits.* — Bernadette avait adressé une demande à Notre-Dame de Lourdes, celle de faire fleurir en plein hiver le Rosier que foulaient ses pieds immaculés. Ce miracle devait servir à confirmer la vérité de la céleste Apparition, et c'eût été sans doute un bienfait; mais là se fût bornée son influence. La Reine du ciel et de la terre prépare un bienfait plus digne de sa puissance et plus en harmonie avec sa bonté maternelle; ce bienfait sera aussi un miracle, c'est-à-dire une faveur due tout entière à son intervention; mais un miracle qui deviendra le principe d'une infinité d'autres; et ce sera ainsi un bienfait qui s'étendra à tous les peuples, à tous les temps et à tous les lieux !...

Allez boire à la fontaine et vous y laver. — Sur l'ordre de l'Immaculée, une source jaillit du sein de la roche; suave symbole, avons-nous dit, des fleuves de grâces qui sont sorties du côté ouvert de notre divin Sauveur. A cette source intarissable les malades puisent la santé; les incrédules, la foi; les pécheurs, la réconciliation avec Dieu et la purification de leurs souillures; les désabusés de ce monde, le rafraîchissement : et pour y puiser tous ces biens, que faut-il? Etendre la main, y recueillir les flots intarissables qui en coulent à toute heure, les porter à ses lèvres, les répandre sur ses plaies. Cela seul est demandé... Mais cela est indispensable, car c'est la correspondance toujours nécessaire aux grâces de Dieu.

IV. *Les promesses.* — *Et moi, je vous promets de vous rendre heureuse, non point en ce monde, mais en l'autre.*

Je vous promets. — Marie nous a beaucoup donné déjà, pas encore pourtant tout ce qu'elle désire : nous n'étions pas capables de recevoir davantage. Mais ayons confiance, ce qu'elle n'a pu nous donner hier, elle nous le donnera aujourd'hui ou demain, à son heure ; et ses largesses continueront jusqu'à ce qu'elle nous ait rendus heureux, heureux de son propre bonheur. Elle s'y engage : *Je vous promets de vous rendre heureuse.*

Non point en ce monde. — Heureuse, Bernadette devait l'être, certes : la vue de la Vierge Immaculée dans tout l'éclat de sa gloire, ses sourires, ses confidences, ses enseignements, le jaillissement de la source miraculeuse, avaient répandu dans son âme un enivrement, une satisfaction, une joie qui l'arrachaient au sentiment des misères de ce monde, la tenaient dans des extases prolongées et la rendaient un objet d'envie pour les spectateurs.

Toutefois, ce n'était pas encore le bonheur parfait. Pendant des années et des années l'heureuse voyante sera un sujet de contradictions, de moqueries et de tracasseries, voisines de la persécution ; bientôt sa vocation à la vie religieuse lui imposera le renoncement à sa famille et à tout ce qu'elle aimait dans le monde, plus que cela, la privation de la vue des merveilles qui se multiplieront à la Grotte ; jusqu'à sa mort enfin, elle connaîtra les souffrances de la maladie. Comme Jésus, comme Marie, comme tous les saints, elle aura donc à souffrir, elle souffrira beaucoup et de toutes manières ; mais, en souffrant, elle achèvera de se purifier, elle se sanctifiera de plus en plus, elle échappera aux périls que la prospérité de ce monde ferait courir à ses vertus, à son humilité tout particulièrement ; elle accumulera des trésors de mérites qui apporteront le comble à son bonheur éternel : *Je vous rendrai heureuse en l'autre monde.* En attendant, pour l'aider à supporter ses souffrances, elle aura, avec l'onction de la grâce, la joie que lui laisse le souvenir de ses communications avec le Ciel; et ainsi qu'il arriva lorsque la flamme du cierge touchait ses doigts sans les brûler, elle ne sentira plus même la pointe des maux cruels qui l'éprouvent sans intermittence.

Ainsi puisse-t-il en être de nous! Même après avoir été à Lourdes, nous aurons des peines qui nous viendront soit des hommes, soit des évènements; peut-être retrouverons-nous, à notre retour dans nos foyers, et nos maladies et nos afflictions de famille et des revers de fortune; mais nous serons armés, nous aussi, pour supporter l'épreuve, parce que nous aurons appris, à la lumière d'une foi plus vive, le vrai but et les résultats salutaires de la souffrance.

Le Calvaire nous effraiera moins, après que nous aurons été, ne fut-ce qu'un moment, sur le Thabor.

Résolution. — Nous emporterons avec nous et nous garderons au fond du cœur cette promesse: *Je promets de vous rendre heureux, non point en ce monde mais dans l'autre.*

Pensée. — Un jour passé dans l'intimité de notre Mère du ciel vaut mieux que mille dans les amusements auxquels nous invitent les pécheurs.

Prière. — *Eia! advocata nostra, illos tuos misericordes oculos ad nos converte.* O notre douce Avocate, tournez vos yeux vers nous, ces yeux qui respirent une si tendre pitié!

2. NEUVAINE

Esprit-Saint, etc. (voir page 104.)

8ᵐᵉ Jour. — O Marie, soleil sans tache! je me félicite avec vous et me réjouis de ce que, dans votre Conception, Dieu vous a accordé plus de grâces que n'en eurent tous les anges et tous les saints, au comble même de leurs mérites. — Je remercie et j'admire la souveraine libéralité de la très Sainte Trinité qui s'est montrée si magnifique à votre égard. — Ô Marie, faites que je corresponde fidèlement aux grâces de mon Dieu, et que je n'en abuse plus désormais ; changez mon cœur et faites que dès ce moment, je commence enfin à me convertir !

Neuf *Ave Maria,* et un *Gloria Patri,* avec la suite (page 105).

NEUVIÈME JOUR

Dernier passé à la Grotte.

Les Adieux.

La vie présente est comme le Gave ; tout ce qu'elle roule dans son cours impétueux, ses joies aussi bien que ses peines, s'écoule, s'enfuit, disparait, l'un après l'autre.

Nombreuses furent les apparitions à Bernadette ; l'une arriva cependant qui devait être la dernière, la dix-huitième. En disparaissant alors, la Vierge Immaculée s'inclina ; ce salut était un *au revoir,* sans doute ; un *au revoir* dans le ciel, mais c'était aussi un congé.

Nous voici nous-mêmes à la fin de notre séjour auprès de notre Mère ; nous voici à l'heure déchirante des adieux. Au moins conserverons-nous de notre pèlerinage ce qu'il a de plus précieux, ses fruits : fruits de sanctification en nous, fruits d'édification autour de nous.

MÉDITATION

LES FRUITS DU PÈLERINAGE

Qui me invenerit, inveniet vitam.
Me trouver, c'est trouver la vie.

(Prov. iv, 35.)

Dans son discours à l'aréopage d'Athènes, saint Paul disait : Le Seigneur, après avoir créé le genre humain, en le faisant sortir d'un seul père, l'envoya à la recherche de son Dieu : *Dimisit quærere Deum.* Telle est la vie présente : un voyage à la recherche de Dieu. Tel aussi notre pèlerinage à Notre-Dame de Lourdes : un voyage à la recherche de Marie. Nous avons trouvé Marie... Or, *en trouvant Marie, nous avons trouvé Dieu,* et en trouvant Dieu, *nous avons trouvé la vie* : la vie pour nous, la vie pour ceux qui nous entourent.

II. *Fruits du pèlerinage en nous :* Un accroissement de vie surnaturelle. C'est de la foi, comme de sa racine, que procède en nous toute vie surnaturelle : *Justus meus ex fide vivit.* Plus la racine est vigoureuse, plus elle plongera dans le sol, plus la plante qu'elle alimente sera luxuriante ; pareillement, plus notre foi sera vive, pure, solide, plus la vie spirituelle grandira et se développera en nous.

Or, notre foi ne trouve nulle part autant à se fortifier qu'à la Grotte. Ce qui l'affaiblissait, ce qui la faisait languir, c'était la défectuosité de notre conduite : *Ils n'ont pas cru,* disait le Sauveur, *parce que leurs œuvres étaient mauvaises ;* or, aux pieds de Marie et avec son aide, nous nous sommes purifiés et corrigés.

Ce qu'il faut pour affermir la foi, c'est une clarté plus vive, et une certitude plus ferme du témoignage divin sur lequel elle s'appuie, certitude et clarté produites par le miracle ; or, nous avons vécu au milieu des miracles, et tous les jours nous avons été témoins des manifestations les plus éclatantes de la puissance divine.

Ce qui nourrit la foi, ce qui l'avive, c'est la parole de Dieu, comprise et goûtée par notre âme ; or, soit de la bouche de Marie, soit de la bouche des maîtres de son divin Fils, la parole divine n'a cessé pendant ces dix jours de retentir à nos oreilles.

Rien donc n'a manqué à notre foi pour revivre, pour s'affermir, pour devenir plus vive ; il ne nous reste plus qu'à la rendre agissante, pour que notre vie déborde de surnaturel.

Avec la foi, grandiront en nous l'espérance, la charité, l'humilité, la religion, la force, la mortification, toutes les vertus chrétiennes.

Que la terre me paraît vile, lorsque je regarde le ciel, s'écriait saint Ignace de Loyola ; nous avons, nous aussi, contemplé et entrevu les réalités célestes : que toutes nos affections, que tous nos désirs aillent désormais vers elles.

Puisse ce que nous avons appris à estimer et à aimer, rester toujours pour nous plus aimable et plus désirable que toutes les vanités qui fascinent les regards des mondains.

Aimer Dieu et le servir, voilà tout l'homme, dit l'Imitation ; ce sera désormais tout pour nous. Notre-Dame de Lourdes aura fait de nous de bons chrétiens, des chrétiens modèles, des saints. C'est ce qu'elle voulait.

II. *Fruits de notre pèlerinage autour de nous.* Ils sont décrits dans la parabole du levain. *Le royaume des cieux*, disait le divin Maître, *est semblable à une femme qui, ayant pris du levain, l'a mis dans trois mesures de farine, et a fait ainsi fermenter le tout.* Cette femme, c'est Marie ; le levain, ce sont les pèlerins de Lourdes, dans le cœur desquels Marie a déposé les forces vives de la vie chrétienne ; les trois mesures de farine, ce sont les trois milieux dans lesquels nous allons nous répandre : celui de la famille, celui de la paroisse, celui du monde ; la fermentation des trois mesures de farine, ce sera l'édification, l'élan de vie chrétienne, le renouveau de piété, produits dans ces trois milieux par nos récits, par nos exhortations, par notre enthousiasme, par nos exemples. Puisse-t-il en être ainsi !

Un seul saint a toujours suffi à régénérer des populations entières ; sa présence au milieu d'elles est le plus grand bienfait que Dieu puisse leur accorder. Il faut des saints dans l'Eglise à toutes les époques et le bon Dieu en suscite sans cesse. Pourquoi ne serions-nous pas du nombre ? Au moins soyons des témoins courageux, *inconfusibles,* de tout ce que nous avons vu et entendu.

Résolution. — Nous serons fidèles aux grâces que nous avons reçues ; nous deviendrons dans nos familles, dans nos paroisses et au milieu du monde, un levain de vie chrétienne.

Pensée. — Ce n'est pas pour demeurer stériles, que nous sont données les grâces de Dieu, surtout les grâces de choix ; mais pour qu'elles portent des fruits qui demeurent à jamais.

Prière. — O mon Dieu, faites que je n'aie pas reçu en vain la grâce si précieuse du pèlerinage de Lourdes !

2. NEUVAINE

Venez, Esprit-Saint (voir page 104.)

O Marie, Mère et Vierge Immaculée, lumière vive de sainteté et modèle de pureté, à peine conçue, vous avez adoré profondément votre Dieu, et l'avez remercié de ce que, par votre moyen, l'ancienne malédiction portée contre les hommes étant suspendue, la bénédiction divine allait se répandre sur les enfants d'Adam. — O Marie, faites que cette bénédiction allume dans mon cœur la charité; enflammez ce cœur, consumez-le, afin que j'aime constamment mon Dieu et que, jouissant de lui dans l'éternité, je puisse le remercier avec plus d'ardeur des privilèges incomparables qu'il vous a accordés, et me réjouir avec vous de vous avoir couronnée de tant de gloire!

Neuf *Ave Maria,* un *Gloria Patri* avec la suite (page 105).

DIXIÈME JOUR

Station au Sanctuaire du Sacré-Cœur.

L'office de Marie sur la terre fut de nous donner Jésus, notre divin Sauveur, et de nous conduire à lui. Elle continue cet office au Ciel; toujours, de son école elle nous mène à l'école de son Fils. C'est pourquoi notre Pèlerinage à Lourdes se termine par un Pèlerinage au Sacré-Cœur : *Ad Jesum per Mariam.* Nous avons beaucoup à apprendre encore à cette nouvelle école; c'est le moment de prêter une oreille attentive aux plaintes, aux demandes, aux leçons, aux promesses du divin Cœur de Jésus.

1. MÉDITATION

LES PLAINTES, LES DEMANDES, LES LEÇONS, LES PROMESSES
DU SACRÉ-CŒUR

> *Venite ad me, omnes qui laboratis
> et onerati estis, et ego reficiam vos.*
> Venez à moi, vous tous qui êtes
> dans la peine ; venez à moi vous tous
> qu'un faix accable, et je vous rani-
> merai !
>
> (S. MATTH. XI, 18.)

I. *Les plaintes du Sacré-Cœur.* — Notre divin
Sauveur a beaucoup à se plaindre de nous : il
nous aime et nous ne l'aimons pas ; il nous a
comblés de ses bienfaits, et nous ne le payons
que d'ingratitude ; il nous fait avances sur avances, et nous ne lui répondons que par l'indifférence. Ce qui met le comble à sa tristesse, c'est
que ce sont ceux-là mêmes auxquels il a fait la
la plus grande part de ses faveurs, qui se montrent
les plus indifférents et les plus ingrats. Peut-être
avons-nous mérité ces plaintes, avant d'aller nous
instruire et nous sanctifier à Lourdes ; faisons en
sorte de ne plus les mériter désormais. Guerre
sans relâche à la tiédeur ; soyons fervents.

II. *Les demandes du Sacré-Cœur.* — Il demande
d'abord des *réparations*, qu'il semble ériger en
devoir ; et puis, comme moyens de réparation, il
sollicite certaines *pratiques de dévotion*, telles
que l'Heure Sainte, la Communion fréquente,
l'Amende honorable, la Consécration à son service.

A celui qui nous a tant aimés et à qui nous devons tout, pourrons-nous refuser le peu qu'il
nous demande ? Non, non.

Revenons souvent sur ces demandes du Cœur de Jésus ; méditons-les à loisir, afin d'en bien saisir toute l'étendue et toute l'importance.

III. *Les leçons du Sacré-Cœur.* — « Vous n'avez qu'un maître, le Christ. » Seul en effet le Sauveur Jésus est la vérité ; seul il est la lumière ; seul il peut bien faire comprendre ce qu'il enseigne. Il a donc toute raison de dire : *Discite a me*; apprenez auprès de moi.

Que nous apprend-il ?... Qu'il nous a aimés : *Voilà ce cœur qui a tant aimé les hommes.* C'est sa première leçon. En voici trois autres : *d'être doux et humbles de cœur comme lui ; de nous entr'aimer les uns les autres,* de la manière que lui-même nous a aimés; *de demeurer unis entre nous, comme il est uni à son Père.* Ce ne sont pas les seules. Mais si nous les pratiquons, nous serons bientôt parfaits.

IV. *Les promesses du Sacré-Cœur.* — *Venez à moi, vous tous qui ployez sous le poids du travail et de votre fardeau, et je vous referai vos forces.* (S. MATHIEU, XI.) C'est la promesse de l'Évangile, une promesse générale; il en est de particulières, faites par l'organe de la Bienheureuse Marguerite-Marie.

1. *Je leur donnerai toutes les grâces nécessaires à leur état ;*

2. *Je mettrai la paix dans leur famille ;*

3. *Je les consolerai dans leurs peines ;*

4. *Je serai leur refuge pendant la vie et surtout à la mort ;*

5. *Je répandrai d'abondantes bénédictions sur toutes leurs entreprises ;*

6. *Les pécheurs trouveront dans mon Cœur la source et l'océan infini de la miséricorde ;*

7. *Les âmes tièdes deviendront ferventes ;*

8. *Les âmes ferventes s'élèveront à une grande perfection;*

9. *Je bénirai les maisons où l'image de mon Cœur sera exposée et honorée;*

10. *Je donnerai aux prêtres le talent de toucher les cœurs les plus endurcis;*

11. *Les personnes qui propageront cette dévotion auront leur nom écrit dans mon Cœur, et il n'en sera jamais effacé;*

12. *Les personnes qui communieront les premiers vendredis du mois, neuf fois de suite, seront assurées de leur persévérance finale.*

C'est ainsi que, reposant sur le divin Cœur de Jésus, nous y puiserons à longs traits, avec une joie inénarrable, les eaux du salut : *Haurietis aquas in gaudio de fontibus Salvatoris.*

Résolution. — Je m'efforcerai de donner à Notre Seigneur ce qu'il me demande, et pour m'y encourager, je méditerai de temps en temps ses douze promesses en faveur de ceux qui ont une dévotion spéciale à son Sacré-Cœur.

Pensée. — Notre grand tort a été d'ignorer jusqu'ici, ou d'oublier du moins, combien notre divin Sauveur nous aime ; notre joie sera désormais, *de croire,* avec l'apôtre Saint Jean, *à cet amour infini,* qui est la source de tout notre bonheur en ce monde et en l'autre.

Prière. — O Jésus, faites que je croie à votre amour !

ONZIÈME JOUR

La Clôture du Pèlerinage.

Le Pèlerinage est achevé, avec la retraite qu'il nous a procuré la grâce de faire en la compagnie de Jésus et de Marie. Il nous reste maintenant à profiter d'une si grande grâce et à remercier celui qui nous l'a faite.

MÉDITATION

L'ACTION DE GRACES

In omnibus gratias agite.
.Rendez **grâces** à Dieu en toutes choses.　　　　(Ecc. v, 18).

De son cœur tout pénétré de reconnaissance, le B. P. Fourrier avait tiré sa maxime : « *Habemus bonum Dominum ; habemus bonam Dominam ;* **nous avons un bon maître, nous avons une bonne maîtresse.** » Que cette devise du Bon Père soit aussi celle de nos cœurs reconnaissants.

I. *Nous avons en Marie une bonne maîtresse.* Que de bien ne nous a-t-elle pas fait ! Combien elle nous donne, en comparaison du peu qu'elle nous demande ! Qu'il fait bon à son service ! Qu'elle est prompte à exaucer notre prière ! Que sa main est habile à guérir nos blessures ! Que de joies elle a le secret de verser dans nos âmes ! Oui, nous avons en Marie la meilleure des maîtresses. Prenons la résolution de la servir toute notre vie, le mieux que nous pourrons.

II. *Nous avons en Jésus un bon maître,* qui nous aime, qui voit tout ce que nous faisons pour lui, qui apprécie notre dévouement, qui nous pardonne volontiers nos fautes, qui récompense magnifiquement nos services. Il est notre Dieu, non pas le Dieu que se figure l'esprit égaré de l'homme du monde, un Dieu abstrait, mort, indifférent à sa créature ; mais un Dieu vivant, qui nous connaît par notre nom, qui s'occupe de nous, qui entend notre prière, qui pourvoit à nos besoins, et dans le commerce familier de qui nous vivons nous-mêmes au moyen de la foi, de l'espérance, de la charité.

Résolution. — Nous avons appris, en la goûtant, à mieux connaître la bonté de Marie et la bonté de Jésus : *Gustate et videte quoniam suavis est Dominus* (Ps. 33, 9). Nous garderons avec soin et développerons avec persévérance cette connaissance, comme l'un des fruits les plus précieux de notre pèlerinage.

Pensée. — Si notre Seigneur souffre de notre défaut de confiance en lui, il souffre également de l'espèce de doute pratique sur sa bonté d'où naît en nous cette défiance.

Prière. — O Jésus, *ordonnez-moi d'aller à vous* avec une confiance sans limites.

CANTIQUES

Cantique au Sacré-Cœur.

Pitié mon Dieu ! c'est pour notre patrie
Que nous prions au pied de cet autel.
Les bras liés et la face meurtrie,
Elle a porté ses regards vers le ciel.

REFRAIN

Dieu de clémence,
Dieu protecteur,
Sauvez, sauvez la France } *bis.*
Au nom du Sacré-Cœur.

Pitié, mon Dieu ! Sur un nouveau Calvaire
Gémit le Chef de votre Eglise en pleurs ;
Glorifiez le successeur de Pierre
Par un triomphe égal à ses douleurs.

Pitié, mon Dieu ! la Vierge Immaculée
N'a pas en vain fait entendre sa voix.

Sur notre terre ingrate et désolée
Les fleurs du Ciel croîtront comme autrefois.

Pitié, mon Dieu ! pour tant d'hommes fragiles
Vous outrageant sans savoir ce qu'ils font ;
Faites renaître, en traits indélébiles,
Le sceau du Christ imprimé sur leur front !

Pitié, mon Dieu, votre Cœur adorable
A nos soupirs ne sera pas fermé ;
Il nous convie au mystère ineffable
Qui ravissait l'Apôtre bien-aimé.

Pitié, mon Dieu ! que la source de vie
Auprès de nous ne coule pas en vain,
Mais qu'en ces lieux Marguerite-Marie
Nous associe à son tourment divin.

Pitié, mon Dieu ! quand, à votre servante,
De votre Cœur vous dévoiliez l'amour,
Vous avez vu la France pénitente
A ce trésor venant puiser un jour.

Pitié, mon Dieu ! trop faibles sont nos âmes
Pour désarmer votre juste courroux ;
Embrasez-les de généreuses flammes
Et rendez-les moins indignes de vous.

Pitié, mon Dieu ! si votre main châtie
Un peuple ingrat qui semble la braver,
Elle commande à la mort, à la vie,
Par un miracle elle peut nous sauver !

Cantique de Notre-Dame de Salut.

Tout enivré d'une gloire éphémère,
Peuple aveuglé, nous blasphémions ta loi.
Faut-il encor le fracas du tonnerre,
Pour réveiller le cri de notre foi ?

Memorare du Sacré-Cœur.

Lent.

C. CASPAR

Solo.

Cœur in-fi-ni-ment bon des crimes de la France Ne vous souve - nez plus. De ses afflic-ti - ons et de son es-pé - rance Sou-venez-vous, Jé - sus.

Les Prédilections du Cœur de Jésus pour la France.

C. CASPAR

Refrain. *f. avec entrain*

Cœur de Jé - sus, no-tre es-pé-rance, Rends-nous la foi. Ah! jet-

te un re - gard sur la France, Elle est à toi.

Elle est à toi.

Couplet. Elle est à toi, Cœur a - do-

râble, Tu l'as con -qui-se à son ber - ceau :

Clo - vis, ô mys - tère inef - fable.

La mar - qua de son di - vin sceau.

Vive Jésus ! Vive sa Croix !

Vi - ve Jé - sus, vi - ve sa croix.

N'est-il pas bien jus-te qu'on l'ai - me,

Puisqu'en ex - pi-rant sur ce bois Il nous ai-

ma plus que lui - même.

Refrain.

Chrétiens chantons à hau-te voix :

Vi - ve Jé - sus ! vi - ve sa croix ! Chrétiens chan-

tons à hau-te voix : Vi - ve Jé - sus ! vi-

ve sa croix !

Vive Jésus ! Vive sa Croix !
(Autre air.)

Vi-ve Jé-sus ! vi-ve sa croix ! Oh ! qu'il est

bien jus - te qu'on l'ai - me, Puis-qu'ex-pi-rant sur le bois, Il nous ai - ma plus que lui-

mê-me. Chré-tiens chan - tons à hau - te

voix : Vi - ve Jé - sus ! vi - ve sa croix ! croix.

Laudate, Laudate Mariam.

Au ciel et sur ter - re Que

tou - tes les voix Pour vous, ô ma

Mè - re, chan - tent à la fois :

Ref.

Lau - da - te, lau - da - te, lau-

da - te Ma - ri - am. Lau - da - te, lau-

da - te, lau - da - te Ma - ri - am.

REFRAIN

Dieu de clémence,
Vois nos douleurs !
Sauve, sauve la France, ⎱ bis.
Exauce enfin nos pleurs. ⎰

Dans l'ouragan, la lueur d'une étoile
Rend au pilote et la force et l'espoir.
Elle a paru, brillante sous son voile,
L'étoile d'or, au milieu d'un ciel noir.

Quel est ton nom, astre dont la lumière
Vient resplendir sur nos sommets tremblants ?
C'est le salut qu'elle apporte à la terre,
C'est le salut pour les cœurs pénitents.

Son nom béni, c'est le nom d'une mère ;
C'est la bonté qui s'incline vers nous.
« Priez, enfants ! dit-elle ; la prière
« Peut désarmer le céleste courroux.

« Enfants, priez ! Voyez pleurer vos mères
« Pleurez aussi ! Vos pères ont péché.
« Ah ! que vos cris, que vos larmes amères,
« Montent vers Dieu ! son cœur sera touché. »

Douce Marie, ô Mère secourable,
Auguste Reine, ayez pitié de nous !
Ayez pitié de la France coupable !
Priez pour nous, qui recourons à vous.

Vive Jésus ! Vive sa Croix !

Vive Jésus ! Vive sa croix !
Oh ! qu'il est bien juste qu'on l'aime
Puisqu'expirant sur le bois,
Il nous aima plus que lui-même.

REFRAIN

Chrétiens, chantons à haute voix : } bis.
Vive Jésus ! Vive sa croix !

Vive Jésus ! Vive sa croix !
Car Jésus l'ayant épousée,
Elle n'est plus comme autrefois,
Un objet d'horreur, de risée.

Vive Jésus ! Vive sa croix !
Où notre Sauveur débonnaire,
Par ses langueurs et ses abois,
Satisfit pour nous à son Père.

Vive Jésus ! Vive sa croix !
La chaire de son éloquence,
Où me prêchant ce que je crois,
Il m'apprend tout par son silence.

Vive Jésus ! vive sa croix !
Puisqu'elle nous est si féconde :
C'est par la mort du Roi des rois
Qu'il accorde la vie au monde.

Vive Jésus ! vive sa croix !
Ce n'est pas le bois que j'adore ;
Mais c'est mon Sauveur sur ce bois
Que je révère et que j'implore.

Avec Jésus, aimons sa croix !
Prenons-la pour notre partage ;
Ce juste, cet aimable choix,
Conduit au céleste héritage.

Vierge, notre Espérance.

O toi, Mère chérie,
Qui nous aimas toujours,

Pitié pour la Patrie
En ces funestes jours !

Vierge, notre espérance,
Étends sur nous ton bras,
Sauve, sauve la France,
Ne l'abandonne pas.

Vois comme, dans la France,
On ne peut t'oublier,
Comme avec confiance
On aime à te prier.

Souviens-toi que la France,
En tes aimables mains,
Aux jours de sa puissance
A remis ses destins.

Il est vrai que la France
A courroucé le Ciel !
Mais pour sa délivrance,
Vois-nous à ton autel !

Nous t'en prions, Marie !
Désarme le Seigneur :
Pitié pour la patrie
Qui t'a donné son cœur !

Rome, citée chérie,
N'espère plus qu'en toi :
Par nous sauve, Marie,
Le grand Pontife-Roi !

Des maux de la Patrie
Arrête enfin le cours,
Et nous serons, Marie,
Tes vrais enfants toujours !

Salut d'Arrivée.

1. Sur cette colline
   Marie apparut.
   Au front qu'elle incline
   Rendons le salut : *Ave.*

2. A l'enfant timide
   Priant au vallon,
   Au Gave rapide
   Elle a dit son nom. *Ave.*

3. L'enfant le répète
   Comme un doux écho ;
   Le Gave lui prête
   La voix de son flot : *Ave.*

4. La France l'écoute,
   Se lève soudain,
   Et se met en route,
   Chantant ce refrain : *Ave.*

5. La voix maternelle
   Dit : Venez ici !
   Le peuple fidèle
   Répond, me voici ! *Ave.*

6. Un souffle de grâce
   Pousse vers ce lieu,
   Ce souffle qui passe
   Est celui de Dieu. *Ave.*

7. C'est notre Lorraine
   Qui vient à son tour
   A sa Souveraine
   Dire son amour. *Ave.*

8. Reçois la prière
   De tes pèlerins ;
   Montre-toi leur Mère,
   De tous fais des saints.
   Ave

A Notre-Dame de Lourdes.

REFRAIN

O Marie, ô divine Mère,
La France tombe à tes genoux,
Vois nos douleurs, notre misère,
Pitié, pitié, délivre-nous. (*bis.*)

La France, ô Mère, est ta fille chérie ;
Dans ses revers, tu l'assistas toujours ;
Viens la sauver, car sanglante et meurtrie,
Tout son espoir n'est plus qu'en ton secours.

Tout gémissants vers le Dieu du Calvaire,
Nous élevons et nos cœurs et nos voix ;
Il entendra notre ardente prière,
Lui qui pour nous expira sur la croix.

Près de Jésus sois notre protectrice !
Et de nos maux ton Immaculé Cœur

Par sa vertu, sainte Médiatrice,
Conjurera le fléau destructeur !

Peuple, à genoux ! Voici l'auguste Mère !
Du haut du ciel sur nous sa main s'étend !
Elle bénit la France et le Saint-Père,
Elle a vaincu la rage du serpent.

A Léon XIII, Pontife-Roi.

Autour du successeur de Pierre,
Enfants du Christ, rallions-nous ;
Et fiers d'un Pontife si doux,
Marchons toujours sous sa bannière !

REFRAIN

Gloire au Pontife universel,
L'honneur et l'amour de la terre !
Gloire au saint Vieillard d'Israël !
A lui nos cœurs, c'est notre Père ! (*bis.*)

Sur son front brille la couronne
De la plus sainte royauté ;
A Rome, pour l'éternité,
Le Christ un jour fonda son trône.

Gardien des vérités divines,
Guide fidèle et saint Pasteur,
Il est l'infaillible Docteur
D'un siècle aveugle en ses doctrines.

Dociles à sa voix féconde,
Nos cœurs soumis se courberont,
Et dans nos dogmes trouveront
L'arme qui doit sauver le monde.

Salut, noble héritier de Pierre,
Centre vivant de l'unité,
Oracle de la vérité,
Foyer vivant de la lumière !

En vous, Léon, le monde espère,
Vers vous s'élèvent tous les vœux,
Oui, le salut descend des cieux,
Votre parole nous éclaire.

Malgré les haines acharnées,
Le Roi-Pontife est toujours là !
Victoire au lion de Juda !
A Léon de longues années !

Dans ce temps de folles tempêtes,
Gardez, Seigneur, ce nautonnier,
Dont le bras seul peut éloigner
La foudre grondant sur nos têtes.

Je suis Chrétien.

REFRAIN

Je suis chrétien, voilà ma gloire,
Mon espérance et mon soutien,
Mon chant d'amour et de victoire,
Je suis chrétien ! Je suis chrétien !

1. Je suis chrétien, sur cette terre,
   Je passe comme un voyageur,
   Tout ici-bas n'est que misère,
   Je vais au Ciel et au bonheur.

2. Je suis chrétien, par mon baptême,
   Je l'ai juré dans le saint lieu ;
   Et je le jure à l'instant même :
   Je suis chrétien, je suis à Dieu.

3. Je suis chrétien : jadis ma mère
   Me faisait prier à genoux ;
   J'aime à redire sa prière :
   « Seigneur, ayez pitié de nous. »

4. Je suis chrétien ; et ma pensée
   Revient sans cesse à ce beau jour,

Où comme à la fleur la rosée,
Vint à mon cœur le Dieu d'amour.

5. Je suis chrétien ; mais la jeunesse
A livré mon cœur au plaisir ;
Aujourd'hui, le remords m'oppresse ;
Pour Dieu je veux vivre et mourir.

6. Je suis chrétien ; sur le Calvaire,
Un Dieu fait homme est mort pour moi.
Oh ! prends pitié de ma misère,
Seigneur Jésus, je suis à toi.

7. Je suis chrétien ; dans cette vie
Ma voie est pleine de douleurs ;
Mais un Dieu l'a d'abord suivie ;
Chrétien, courage ; en haut les cœurs.

8. Je suis chrétien ; en ce bas monde,
Tout n'est, hélas ! que vanité,
Et la vertu seule est féconde
Pour le temps et l'éternité.

Catholiques et Français.

REFRAIN

O Marie, ô Mère chérie,
Garde au cœur des Français la foi des anciens jours,
Entends du haut du Ciel, le cri de la patrie, } bis.
Catholique et Français toujours ;

1. Devant l'image de Marie,
Tombe à genoux, peuple chrétien ;
Et que ta lumière chérie,
S'incline à son nom trois fois saint.

2. De la France, puissante égide,
Ton peuple ne veut pas mourir :
Ecrase un ennemi perfide ;
Empêche la foi de périr.

3. Console-toi, Vierge Marie,
   La France revient à son Dieu ;
   Viens, souris à notre patrie,
   D'être chrétienne elle a fait vœu.

4. Elle assiège le sanctuaire !
   Elle accourt dans tes saints parvis !
   Grâce, grâce, ô puissante Mère,
   Fléchis le Cœur de Dieu ton Fils.

5. La France est à jamais fidèle
   A l'Église, au Pontife-Roi :
   Elle est à toi, veille sur elle ;
   Garde-lui son Christ et sa foi.

Au Sacré-Cœur.

1.

Cœur infiniment bon, des crimes de la France,
   Ne vous souvenez plus,
De ses afflictions et de son espérance,
   Souvenez-vous, Jésus !

2.

D'un siècle de malheur, honte de notre histoire,
   Ne vous souvenez plus,
Du temps où nos croisés mouraient pour votre
   Souvenez-vous, Jésus !   [gloire,

3.

De l'Evangile saint déchiré page à page,
   Ne vous souvenez plus,
Des larmes des chrétiens déplorant cet outrage,
   Souvenez-vous, Jésus !

4.

De votre Corps sacré profané par la haine,
   Ne vous souvenez plus,

Des vrais adorateurs qu'à Vous l'amour enchaîne
   Souvenez-vous, Jésus !

5.

De ces livres maudits qui corrompent l'enfance,
   Ne vous souvenez plus,
Mais des hommes de cœur luttant pour sa dé-
   Souvenez-vous, Jésus !   [fense,

6.

D'une foule insultant l'honneur et la justice,
   Ne vous souvenez plus,
Du sang de nos martyrs courant au sacrifice,
   Souvenez-vous Jésus !

7.

De l'orgueil insensé qui nie et qui blasphème,
   Ne vous souvenez plus,
Des asiles bénis où l'on chante, où l'on aime,
   Souvenez-vous Jésus !

8.

De vos temples souillés et de vos lois enfreintes,
   Ne vous souvenez plus,
Des peuples accourant sur les montagnes saintes,
   Souvenez-vous, Jésus !

Cœur de Jésus.

REFRAIN

Cœur de Jésus, notre espérance,
Rends-nous la Foi !
Ah ! jette un regard sur la France ;
Elle est à toi, Elle est à toi !

1. Elle est à toi ! Cœur adorable,
Tu l'as conquise à son berceau,
Clovis, ô mystère ineffable !
La marqua de ton divin sceau !

11

2. Elle est à toi !... De l'hérésie
   Gardant son trône et ses autels,
   Elle fut la race choisie
   Pour te révéler aux mortels,

3. Elle est à toi !... Si ta justice
   Contre elle un jour a dû sévir,
   Vois ses larmes !... et sois propice
   Aux accents de son repentir.

4. Elle est à toi !... Dans ta clémence,
   Abrège ses jours de douleurs.
   Des derniers âges de la France,
   Sois encor la force et l'honneur.

5. Elle est à toi !... Garde mémoire
   De ses combats, de son amour.
   Fais qu'elle vive pour ta gloire,
   Et toi, rends-lui la sienne un jour.

6. Elle est à toi, notre patrie,
   Jésus, nous te la consacrons :
   Entends l'univers qui te crie :
   Sauve la France, et nous vivrons !

7. Rappelle ce nouveau Lazare,
   Cœur sacré, du fond du tombeau,
   Et ne permets plus qu'il s'égare
   Loin de toi, son divin flambeau.

Dieu seul !

1.

Il n'est pour moi qu'un seul bien sur la terre,
Et c'est Dieu seul, Dieu seul est mon trésor ;
Dieu seul, Dieu seul allège ma misère,
Et vers Dieu seul mon cœur prend son essor.

Refrain. Je bénis sa tendresse,
          Et répète sans cesse

Ce cri d'amour, cet élan d'un grand cœur :
Dieu seul, Dieu seul ! voilà le vrai bonheur ! (*bis*).

2.

Dieu seul, Dieu seul guérit toute blessure,
Dieu seul, Dieu seul est un puissant secours ;
Dieu seul suffit à l'âme droite et pure,
Et c'est Dieu seul qu'elle cherche toujours.

3.

Quel déplaisir pourra jamais atteindre
Cet heureux cœur que Dieu seul peut charmer ?
Grand Dieu ! quels maux ce cœur pourra-t-il crain-
Il n'en est point quand on sait vous aimer.   [dre ?

Cantique au B. Pierre Fourier.

AIR : *Pitié mon Dieu.*

D'un vrai héros, d'un Prêtre plein de zèle
Brûlant d'amour pour l'homme et le Seigneur,
Nous célébrons la mémoire immortelle ;
Chrétiens, prions, chantons-lui tous en chœur :
Refrain. — Sur notre terre,
Du haut des cieux,
Vers nous, vers nous, Bon-Père, | *bis.*
Daigne abaisser les yeux. |

A la vertu dès sa plus tendre aurore,
Pierre livra son esprit et son cœur,
Et pour le Dieu que l'ange au ciel adore
Il s'embrasa d'une sainte ferveur.
Sur notre terre, etc.

Humble et docile à la voix qui l'appelle,
Loin de ce monde où la vertu se perd ;
A son Sauveur craignant d'être infidéle,
Il fuit, il va s'enfermer au désert.
Sur notre terre, etc.

L'éclat divin dont brille son mérite,
Du vice impur offusque les regards ;
Mais des méchants la tourbe en vain s'irrite,
Dieu le protège ! Il se rit de leurs dards.
Sur notre terre, etc.

Plus tard, gagnés par ses vertueux charmes,
Ils reviendront à l'antique ferveur ;
Pierre verra couler de saintes larmes,
Que ses regards tireront de leur cœur.
        Sur notre terre, etc.

Un pur essaim de vierges bienfaisantes
Se réunit sous son austère loi,
Pour enseigner aux âmes innocentes
La charité, l'espérance et la foi.
        Sur notre terre, etc.

Tout pénétré du prix que vaut une âme,
Digne Pasteur, il fait, plein d'onction,
A la vertu céder le vice infâme,
Et change ainsi Babylone en Sion.
        Sur notre terre, etc.

En chaire, il est un nouveau Jean-Baptiste,
Au saint autel, il est un chérubin ;
Au tribunal nul cœur ne lui résiste,
Tant de son âme il sort un feu divin.
        Sur notre terre, etc.

Peuple aveuglé par la sombre hérésie,
Apôtre ardent, Pierre à votre secours
Vole ; et sa voix des erreurs ennemie,
De ce fléau suspend, tarit le cours.
        Sur notre terre, etc.

Ayant vécu d'une si sainte vie,
Combien, ô Dieu ! lui fut douce la mort !
Vers le ciel, où sa belle âme est ravie,
Que plein de joie il a pris son essor !
        Sur notre terre, etc.

Tendre Pasteur, Pierre, ô notre Bon-Père,
De ces doux noms, là-haut, souvenez-vous :
Voyez un peuple entier qui vous vénère ;
O Père aimant, souvenez-vous de nous !
        Sur notre terre, etc.

Vexilla Regis.

VEXILLA Regis prodeunt :
Fulget crucis mysterium,
Qua vita mortem pertulit,
Et morte vitam protulit.

Quæ vulnerata lanceæ
Mucrone diro, criminum

Ut nos lavaret sordibus,
Manavit unda et sanguine.

Impleta sunt, quæ concinit
David fideli carmine,
Dicendo nationibus :
Regnavit a ligno Deus.

Arbor decora, et fulgida,
Ornata Regis purpura,
Electa digno stipite
Tam sancta membra tan-
gere.

Beata, cujus brachiis
Pretium pependit sæculi,
Statera facta corporis,
Tulitque prædam tartari.

O Crux ave, spes unica,
In hac triumphi gloriâ
Piis adauge gratiam,
Reisque dele crimina.

Te fons, salutis Trinitas,
Collaudet omnis spiritus :
Quibus Crucis victoriam
Largiris, adde præmium.

Stabat Mater.

Stabat Mater dolorosa,
Juxta Crucem lacrymosa,
Dum pendebat Filius :

Cujus animam gementem,
Contristatam, et dolentem,
Pertransivit gladius.

O quam tristis et afflicta
Fuit illa benedicta
Mater Unigeniti ?

Quæ mœrebat, et dolebat,
Pia Mater dum videbat
Nati pœnas inclyti.

Quis est homo qui non
fleret,
Matrem Christi si videret,
In tanto supplicio ?

Quis non posset contris-
tari,
Christi Matrem contemplari
Dolentem cum Filio ?

Pro peccatis suæ gentis
Vidit Jesum in tormentis,
Et flagellis subditum.

Vidit suum dulcem natum,
Moriendo desolatum,
Dum emisit spiritum.

Eia, mater! fons amoris,
Me sentire vim doloris
Fac ut tecum lugeam.

Fac ut ardeat cor meum
In amando Christum Deum,
Ut sibi complaceam.

Sancta Mater istud agas,
Crucifixi fige plagas
Cordi meo valide.

Tui nati vulnerati,
Tam dignati pro me pati,
Pœnas mecum divide.

Fac me tecum pie flere,
Crucifixo condolere,
Donec ego vixero.

Juxta Crucem tecum stare
Et me tibi sociare
In planctu desidero.

Virgo virginum præclara,
Mihi jam non sis amara,
Fac me tecum plangere.

Fac ut portem Christi
mortem,
Passionis fac consortem,
Et plagas recolere,

Fac me plagis vulnerari,
Fac me Cruce inebriari,
Et cruore Filii.

Flammis ne urar succen-
sus,
Per te Virgo sim defensus
In die judicii.

Christe, cum sit hinc exire
Da per Matrem me venire
Ad palmam victoriæ.

Quando corpus morietur,
Fac ut animæ donetur
Paradisi gloria. — Amen.

Laudate, Laudate, Mariam.

1. Au ciel et sur la terre
   Que toutes les voix,
   Pour vous, ô ma mère
   Chantent à fois.

REFRAIN

Laudate, laudate, ⎫
Laudate Mariam, ⎰ bis

2. Puissante harmonie
   Des mondes errants,
   Sois près de Marie
   L'écho de mes chants.

3. Après Dieu, saints anges,
   Qui mérite mieux
   Vos justes louanges
   Au séjour des cieux !

4. Chantez sa victoire,
   Cieux étincelants,
   Racontez sa gloire
   A tous ses enfants.

5. Image pâlie
   Du manteau vermeil

Qui revêt Marie,
Que dis-tu, soleil ?

6. Douce est ta lumière,
   Bel astre des nuits,
   Plus belle est ma Mère
   Dans le Paradis !

7. Etoiles que j'aime
   A voir resplendir,
   Sur son diadème
   Venez vous unir.

8. Nuit, dans ton silence
   Si mystérieux,
   Au jour qui s'avance
   Dis son nom précieux.

9. Bénis, fraîche aurore,
   Ce nom virginal,
   Que rappelle encore
   L'astre matinal

10. Nuage qui passe
    Dans le firmament,
    Célèbre les grâces
    Que sa main répand.

TROISIÈME PARTIE

COURTES NOTICES SUR LES SANCTUAIRES VISITÉS PAR LES PÈLERINS

Il a été dit de la France *qu'elle est, après le Ciel, le plus beau royaume du monde*. Nous allons traverser, dans toute sa longueur et dans toute sa largeur, ce beau pays dont Dieu nous a fait la grâce d'être les enfants. Ses plaines et ses montagnes, ses prairies et ses vignobles, ses villes et ses champs, ses fleuves et ses routes passeront les uns après les autres sous nos yeux émerveillés ; mais ce que nous aurons à y admirer surtout, c'est ce qui lui a valu le titre de royaume de Marie ; ce sont les manifestations de sa puissance, les preuves de sa bonté que la Reine du Ciel y a semées à chaque pas.

I. La Basilique du Vœu National à Montmartre.

I. *Origines du Vœu national.* — Il y a vingt ans, au plus fort de nos malheurs publics, quelques Français pieux eurent la pensée d'intéresser le Ciel par *un vœu* au salut de la patrie. Depuis lors, aux calamités de la guerre étrangère s'étaient ajoutées les horreurs de la guerre civile. Quand S. E. le cardinal Guibert vint occuper le siège de Paris, la paix était rendue au pays, mais les traces sanglantes de nos malheurs restaient partout visibles, et la capitale surtout offrait un spectacle de désolation. Le nouvel archevêque reçut la visite des auteurs du vœu, qui venaient lui demander de le confirmer et de l'accomplir, en élevant dans Paris, avec le concours de la France chrétienne, un temple au Dieu qui est l'inspirateur de la charité et de la concorde.

Le vœu était ainsi formulé :

« En présence des malheurs qui désolent la France, et

« des malheurs plus grands qui l'attendent encore ; en
« présence des attentats sacrilèges commis à Rome contre
« les droits de l'Eglise et du Saint-Siège, et contre la per-
« sonne sacrée du Vicaire de Jésus-Christ, nous nous hu-
« milions devant Dieu, et réunissant dans notre amour
« l'Eglise et la patrie, nous reconnaissons que nous avons
« été coupables et justement châtiés ; et pour faire amende
« honorable de nos péchés et obtenir de l'infinie miséri-
« corde du Sacré-Cœur de Notre-Seigneur Jésus-Christ le
« pardon de nos fautes, ainsi que les secours extraordi-
« naires qui seuls peuvent délivrer le Souverain Pontife
« de sa captivité et faire cesser les malheurs de la France,
« *nous promettons de contribuer, selon nos moyens, à l'é-*
« *rection à Paris d'un sanctuaire dédié* **au Sacré Cœur**
« **de Jésus.** »

Une loi votée le 24 juillet 1873 par 382 députés de l'Assemblée nationale contre 138, déclara « d'utilité publique
« là construction d'une église sur la colline de Montmar-
« tre, conformément à la demande qui en avait été faite par
« l'archevêque de Paris. »

Ainsi est née l'œuvre de Montmartre, d'une pensée chrétienne, patriotique, étrangère à tout espèce de parti, uniquement inspirée par le désir de revoir notre France grande
et prospère. C'est ainsi que le pays l'a compris et le comprend encore. La basilique du Sacré-Cœur est une œuvre
de pénitence et de dévouement ; c'est une amende honorable et l'*ex-voto* de l'espérance : **Sacratissimo Cordi
Jesu Gallia pœnitens et devota.**

II. *Montmartre.* — La colline de Montmartre — *mont
des martyrs* — est ainsi appelée parce que c'est sur ses
pentes que furent martyrisés les premiers apôtres de Paris : saint Denis avec ses compagnons, saint Rustique et
saint Eleuthère. Les fidèles élevèrent sur les lieux arrosés
par le sang des martyrs une crypte et plus tard une chapelle, qui devinrent le but d'un pèlerinage très fréquenté.
On sait que c'est dans cette crypte que saint Ignace de

Loyola et ses compagnons jetèrent les premiers fondements de la Compagnie de Jésus. Vers 1096, uu prieuré de
l'Ordre de Clugny y fut établi par les religieux de Saint-
Martin-des-Champs. En 1133, Louis VI y fonda une abbaye
de Bénédictines. En 1622, cette communauté fut partagée
en deux maisons : le monastère d'En-Haut et le monastère d'En-Bas ou des martyrs. L'abbaye fut supprimée en
1790 et détruite en 1793. En 1871, les généraux Lecomte et
Thomas furent fusillés au sommet de la Butte, rue des Ro-
siers, où s'était établi le Comité central de la garde nationale de la Commune.

La butte de Montmartre, qui est d'ailleurs le point le
plus élevé de Paris (104 mètres au-dessus de la Seine),
doit à tous ces souvenirs de son histoire d'avoir été choisie pour l'emplacement de la *Basilique du Vœu national*.

III. *La Basilique*. — Le monument fut mis au concours :
78 concurrents se présentèrent ; ce fut l'architecture by-
santine qui l'emporta. Ce style, moins coûteux que le go-
thique, produit à grandes distances et à proportions éga-
les, un effet plus imposant et plus majestueux.

La première pierre fut posée le 16 juin 1875, deux-cen-
tième anniversaire de l'apparition de Notre Seigneur à la
bienheureuse Marguerite-Marie.

Bientôt une chapelle provisoire en l'honneur du Sacré-
Cœur fut construite ; elle est depuis 14 ans le foyer où
les âmes chrétiennes sont venues, de tous les points de
la France et du monde, réchauffer leurs ardeurs ; sans
attendre qu'elle fût achevée, le chantier du vœu était en
pleine activité.

En attendant qu'elle dresse ses splendides coupoles, nous
pouvons voir déjà à l'intérieur de la Basilique ses voûtes
grandioses, ses chapelles, ses piliers s'étaler sous nos
yeux, tout chargés de souvenirs et comme autant d'*ex-veto*
de la reconnaissance ; car chacune des pierres de l'édifice
porte un nom ; il n'est presque pas de famille en France,
ou de ville, ou de profession, ou de corporation, ou d'as-

sociation pieuse qui n'y ait gravé le sien (1). Une foule de piliers ont reçu les noms les plus gracieux : le pilier des malades, le pilier de la plume, le pilier de la musique et de la poésie, le pilier du fuseau, ceux du froment, de la vigne, de la reconnaissance, des lauréats, des orphelins, des veuves, des pieuses mères, de la première communion. A leur tour, dans la crypte comme dans la basilique, les chapelles sont dédiées aux saints et aux saintes les plus populaires. On le voit, toutes les professsions, tous les états de vie, tous les intérêts ont leur chapelle ou leur pilier.

A côté de ce mouvement d'aumônes particulières, il y a celui des pèlerinages collectifs, qui viennent de Paris et de la province.

V. *Associations.* — Ces milliers de pèlerins trouvent à s'enrôler dans une foule d'associations dont la Basilique naissante est déjà le centre : l'archiconfrérie du vœu national pour le salut de la France avec les deux degrés qui la perfectionnent, la sainte Ligue et l'association de Jésus pénitent pour nous ; l'apostolat de la prière ; la confrérie de la sainte agonie ; la garde d'honneur canoniquement agrégée à celle de Bourg ; l'archiconfrérie réparatrice des blasphèmes et des réparations du dimanche; l'union de la sainte Famille ; l'archiconfrérie de saint Jean l'évangéliste et l'œuvre de la consécration des enfants.

Dès maintenant la Basilique est le centre d'un mouvement religieux extrordinaire. Dans un seul trimestre on a donné 76.000 communions ; il a été dit 3.344 messes par des prêtres étrangers ; les recommandations ont dépassé le chiffre de 800.000, et dans le nombre il y a plus de 22.000 actions de grâces ; on a compté 250 pèlerinages proprement dits, et distribué 105.373 cartes d'entrée pour la visie des travaux.

(1) Le diocèse de Saint-Dié a son pilier. Le pèlerinage lorrain a offert à chacune de ses visites une ou plusieurs pierres de 300 francs.

II. **Notre-Dame de Paris.**

La cathédrale de Paris, un des plus beaux et des plus anciens monuments gothiques, fut commencée en 1163 par l'évêque Maurice de Sully et terminée dans les premières années du XIV⁰ siècle. Elle est en forme de croix latine et mesure 127 mètres de long sur 48 de large et 34 de haut. Les deux tours ont chacune 68 mètres. Mais ce qui lui mérite surtout la visite des pèlerins, c'est le trésor des insignes reliques de la Passion dont elle est enrichie : un morceau considérable de la vraie Croix ; la sainte Couronne d'épines ; le saint Clou.

1⁰ *La vraie Croix.* — Le vendredi 28 juillet 1109, Galon, évêque de Paris, reçut d'Anseau, chantre et prêtre du Saint-Sépulcre de Jérusalem, un morceau considérable de la vraie Croix, qui fut d'abord déposé dans l'église de Saint-Cloud. Le dimanche suivant, c'est-à-dire le premier dimanche d'août, l'évêque de Paris, accompagné de son clergé, vint chercher la sainte relique et la transporta solennellement à Notre-Dame, où elle est encore aujourd'hui.

2⁰ *La sainte Couronne d'épines.* — Déposée par l'empereur Baudoin II de Constantinople entre les mains des Vénitiens, elle fut remise par ceux-ci à saint Louis, roi de France, en 1238. Elle se compose d'un anneau de petits joncs réunis en faisceaux pour recevoir les branches d'épines.

3⁰ *Le saint Clou.* — Le clou de Notre-Dame, de 90 ᵐ/ᵐ de longueur, n'a pas de tête; sa pointe est intacte, la forme en est grossière. Charlemagne le reçut de l'empereur de Constantinople, Constantin V, avec plusieurs autres saintes reliques. Charles-le-Chauve le transféra de l'église d'Aix à Saint-Denis, et il fut remis en 1827 à l'archevêché de Paris.

III. **Notre-Dame-des-Victoires.**

Il n'est pas de catholique qui vienne à Paris sans faire une visite à Notre-Dame-des-Victoires, et à quelque heure qu'on s'y présente, on est sûr de rencontrer une multitude de pèlerins qui s'y succèdent sans interruption. D'où vient donc cette orientation des cœurs vers l'autel de Marie?

Jusqu'en 1836, Notre-Dame-des-Victoires était une église à peu près abandonnée; située au centre du commerce et des affaires, entourée de théâtres, des rendez-vous du plaisir, on aurait dit qu'elle était dans ce quartier un hors-d'œuvre, une inutilité. Le 3 décembre 1836, M. Desgenettes, qui gémissait depuis quatre ans sur la stérilité de son ministère, monte à l'autel, et là, se sent pressé de consacrer sa paroisse au très saint et immaculé Cœur de Marie. La même inspiration se fait entendre pendant son action de grâces, et encore après. Il sent ce mouvement intérieur, rédige les statuts de la Confrérie du saint Cœur de Marie, et présente son travail à Mgr de Quélen, qui l'approuve. Le 11 décembre, il annonce au prône que, le soir à 7 heures, on célèbrera dans son église un office de dévotion pour demander au Ciel, par l'intercession du très saint Cœur de Marie, la conversion des pécheurs. A 7 heures, près de 005 personnes étaient là. M. Desgenettes monte en chaire, explique sa pensée, indique le but de l'œuvre; et quand il récite aux Litanies ces mots : *Refuge des pécheurs,* la foule inspirée répète par trois fois spontanément : *Refuge des pécheurs, priez pour nous.* Désormais cette triple invocation sera le chant favori et comme le mot d'ordre des réunions de l'Archiconfrérie de Notre-Dame-des-Victoires. M. Desgenettes fait demander à Dieu par Marie la conversion d'un de ses paroissiens, ancien ministre de Louis XVI, et le lendemain, cette pauvre âme, jusqu'alors incrédule, revient à Dieu pour ne plus l'abandonner.

L'affluence augmente les dimanches suivants; on accourt de tous les points de Paris et bientôt de toute la France.

Le Saint-Siège érige l'œuvre en Archiconfrérie; et le 9 juillet 1853, Mgr Pacca dépose sur le front de Notre-Dame des Victoires la couronne d'or que le saint Pontife Pie IX et le Chapitre de Saint-Pierre s'honoraient de lui décerner.

Il faudrait des volumes pour dire la prodigieuse extension de l'Archiconfrérie, le nombre de ses affiliations dans les deux mondes, les grâces temporelles et spirituelles qui y sont chaque jour obtenues. Notre-Dame des Victoires a converti, protégé, consolé des millions d'âmes et ne cesse de peupler le ciel.

L'autel de l'Archiconfrérie est miraculeux ; les murs de l'église sont couverts d'ex-voto de reconnaissance.

Si l'on n'est déjà membre de l'Archiconfrérie, il importe de profiter du pèlerinage pour lui donner son nom.

IV. Notre-Dame du Sacré-Cœur à Issoudun.

En 1849, quelques jeunes gens formèrent, au Grand Séminaire de Bourges, une Association de prières pour glorifier le Sacré-Cœur et la Vierge Immaculée. Leur but était de constituter, aux pieds de leurs autels, une garde d'honneur. Son Eminence le cardinal Dupont daigna approuver l'œuvre. Les adhérents devinrent assez nombreux.

L'un d'eux, se laissant aller à l'ardeur de ses désirs pensait déjà à former une Congrégation exclusivement dévouée au Sacré-Cœur de Jésus. Mais où placer le berceau de cette œuvre, se demandait-il ? Je ne vois qu'Isssoudun. Le péché y abonde, la grâce doit y surabonder.

Cinq ans plus tard, devenu vicaire dans cette ville, le R. P. Chevalier s'ouvre de son dessein à son collègue, qui lui répond : « Vous avez donc lu dans mon âme. »

Mais des difficultés insurmontables s'opposèrent à la réalisation de l'œuvre, quand, le 8 décembre 1854, à l'heure même où Rome proclamait Marie *Immaculée,* on vint, au sortir de la grand'messe, offrir aux vicaires une somme de 20.000 fr. pour établir une bonne œuvre à Issoudun. Laquelle, demandèrent-ils ? Celle que vous voudrez, répondit-on. Cependant une maison de *missionnaires* sourirait assez au bienfaiteur.

Dès l'année suivante, les missionnaires étaient installés

et recevaient officiellement le nom de *Missionnaires du Sacré-Cœur de Jésus.*

En même temps, désireux de témoigner à Marie leur amour, ils lui donnèrent dans leur pensée le titre de Notre-Dame du Sacré-Cœur. Peu de temps après, ils placèrent dans leur jardin une statue de la Vierge Immaculée avec cette inscription, qu'on lisait pour la première fois : *Notre-Dame du Sacré-Cœur, priez pour nous.*

La chapelle primitive des Pères menaçait ruine. Ils jetèrent donc les fondements d'un nouveau sanctuaire à la gloire du Cœur de Jésus, et conçurent le projet de dédier l'autel de la Vierge à *Notre-Dame du Sacré-Cœur.* Ce titre fut soumis à l'autorité de Mgr de la Tour d'Auvergne, archevêque de Bourges, qui l'approuva. A présent 450 archevêques ou évêques ont publiquement approuvé cette dévotion et l'ont répandue dans leurs diocèses.

Issoudun, centre et berceau de cette admirable dévotion, est aujourd'hui connu du monde entier. Cette ville, étant le siège de l'Archiconfrérie de la patronne des causes difficiles et désespérées, est devenu le rendez-vous de ses millions d'associés.

Notre-Dame du Sacré-Cœur fut solennellement couronnée, au nom de Pie IX, par Mgr de la Tour d'Auvergne, environné de 15 évêques et de 500 prêtres.

V. Lourdes.

I. LA VILLE. — Lourdes, ville d'environ 6.000 âmes, située sur le bord du Gave, appartient au diocèse de Tarbes (Hautes-Pyrénées) ; c'est un chef-lieu de canton de l'arrondissement d'Argelès.

La distance de Saint-Dié à Lourdes par la voie d'Agen est d'environ 1220 kilomètres ; elle n'est que de 1100 par Toulouse et Paray-le-Monial.

A l'extrémité de la ville, connue aujourd'hui du monde entier, se trouve la Grotte *Massabielle,* qui fut en 1858 le théâtre des Apparitions de la Très Sainte Vierge. *Massa-*

bielle, expression commune à plusieurs dialectes méridio-
naux, signifie : roches vieilles.

À l'ouest de la ville, se voit le château fort qui défendait
autrefois l'entrée de la France par les Pyrénées ; encore
habité, il y a quelques années, par un détachement d'artil-
lerie de Tarbes, il n'est plus aujourd'hui qu'un musée.

La Basilique de l'Immaculée-Conception, élevée sur le
Rocher des Apparitions, est desservie, ainsi que la Grotte,
par les prêtres de l'Immaculée-Conception ; le *Journal* et les
Annales de Lourdes sont les organes officiels de l'Œuvre.

Bernadette Soubiroux, la pieuse et docile messagère de
Marie, était née à Lourdes en 1844 ; elle est morte à Nevers,
religieuse du nom de sœur Marie-Bernard, en 1879.

II. LES APPARITIONS. — Les Apparitions de la Très Sainte
Vierge à Lourdes, apparitions dont le beau livre de M. Las-
serre a popularisé tous les détails, furent au nombre de
dix-huit, dont voici pour mémoire la brève énumération :

1re. — *Jeudi 11 février.* Le jeudi après la Sexagésime, à
l'heure de midi, Bernadette aperçut pour la première fois
la céleste vision de la grotte Massabielle. Aucune parole
ne fut prononcée, et l'enfant s'éloigna sans avoir compris
tout ce mystère.

2me. — *Dimanche 14 février.* Le dimanche de la Quinqua-
gésime, la jeune voyante obtint de sa mère la permission
de retourner à la roche privilégiée. Nouvelle apparition
devant laquelle l'enfant récita le chapelet ; la divine Vierge
voulut bien bénir sa prière.

3me-15me. — *Du jeudi 18 février au jeudi 4 mars.* Le jeudi
18 février, lendemain des Cendres, l'enfant retournant à la
Grotte, contemple de nouveau l'Apparition, qui l'invite à
venir pendant 15 jours. C'est la célèbre quinzaine d'apparitions quotidiennes, sauf deux jours : le lundi de la première semaine de carême (22 février) et le vendredi suivant
(26 février, quatre-temps), où la Vierge sainte n'apparut
pas. Dans le cours de ces treize apparitions, les desseins

particuliers du Ciel furent manifestés, et la source Massabielle jaillit pour ne plus tarir.

16ᵐᵉ. — *Jeudi 25 mars.* Dans la seizième apparition, celle du 25 mars (jeudi avant les Rameaux, fête de l'Annonciation), la très Sainte Vierge, répondant à l'humble et confiante question de Bernadette, voulut bien lui répondre : **« Je suis l'Immaculée-Conception. »**

17ᵐᵉ. — *Lundi 5 avril.* Le lundi de Pâques (5 avril), eut lieu le miracle du cierge, dont la flamme put traverser les doigts de Bernadette, sans lui causer aucune douleur, alors que l'enfant tombée en extase contemplait la Vierge sainte qu'elle ne devait plus revoir qu'une fois de ses yeux terrestres.

18ᵐᵉ. — *Vendredi 16 juillet.* En la fête de Notre-Dame du Mont-Carmel (16 juillet), la Vierge de Lourdes, dont Bernadette n'avait pas entendu le mystérieux appel, depuis quelque temps, la favorisa d'un dernier entretien, suivi d'un suprême adieu.

III. LE JUGEMENT DOCTRINAL. — Bien des miracles accompagnèrent et suivirent les apparitions de Lourdes. L'autorité ecclésiastique ne pouvait garder le silence, et c'est à l'évêque de Tarbes qu'il appartenait de porter sur cette grave question un jugement doctrinal.

Quand il s'agit de la canonisation d'un Saint, l'examen de la cause et les éléments du procès sont réservés au Pape. Mais quand la Reine des Cieux daigne manifester ici-bas sa puissance, il n'y a pas lieu de relever, pour les soumettre à Rome, les faits et prodiges qu'Elle opère ; les évêques constatent eux-mêmes soit les apparitions de la sainte Vierge, soit les guérisons miraculeuses qui arrivent par son intercession. Dès qu'ils ont prononcé leur jugement, si le Souverain Pontife n'y contredit pas et que le concours du peuple chrétien s'établisse, l'Eglise voit dans l'assentiment général une pieuse croyance qu'elle enrichit volontiers de faveurs spirituelles.

Ainsi en a-t-il été de Lourdes.

Après une longue et minutieuse enquête, Mgr Laurence, alors évêque de Tarbes, adressa aux fidèles de son diocèse un mandement daté du 18 janvier 1862, où il déclare ce qui suit :

« Nous jugeons que l'Immaculée Marie, Mère de Dieu, a « réellement apparu à Bernadette Soubirous, les 11 février « 1858 et jours suivants, au nombre de 18 fois, dans la « grotte Massabielle, près de la ville de Lourdes...

« Nous soumettons humblement notre jugement au ju-« gement du Souverain Pontife... »

Puis, le prudent et docte prélat ajoute :

« L'évènement dont nous vous entretenons est depuis « quatre années l'objet de notre sollicitude ; nous l'avons « suivi dans ses phases différentes... Nous avons aussi « invoqué l'autorité de la science, et nous sommes de-« meuré convaincu que l'Apparition est surnaturelle et « divine...

On sait le reste. Aujourd'hui toutes les pierres des chemins élèveraient au besoin la voix pour souscrire à cette décision et s'écrier : *A domino factum est istud*. Mais il y a plus. Cette année même, le 11 juillet dernier, la S. Congrégation des rites a concédé une messe et un office en l'honneur de l'Immaculée-Conception, sous le titre de l'Apparition de Notre-Dame de Lourdes. Cette décision a été solennellement confirmée le 23 juillet suivant par S. S. Léon XIII, ce qui équivaut à la reconnaissance et à l'approbation, par la suprême autorité du Saint-Siège, du fait miraculeux de l'Apparition.

IV. LIEUX A VISITER. — On pourra visiter à Lourdes : 1º rue de la Grotte, le *Diorama* qui représente et la grotte, telle qu'elle était au moment des Apparitions, et la mort de Bernadette ; Prix d'entrée : 50 cent. ; 2º même rue, le *Panorama* qui reproduit au naturel l'une des Apparitions de N.-D. de Lourdes à Bernadette, celle dans laquelle le cierge que tenait la voyante lui lécha les doigts sans les brûler ; prix d'entrée : 1 fr. ; 3º au pied du château, le moulin encore habité par la sœur de Bernadette; 4° la Croix de Jérusalem érigée sur le sommet des Espélugues; 5° les deux grottes creusées par la nature dans le flanc de la montagne et dans lesquelles le P. Marie-Antoine a placé, en 1887, les autels de N.-D. des Sept-Douleurs et de Sainte Marie-Madeleine.

VI. Notre-Dame et Calvaire de Bétharram.

1. *Notre-Dame.* — Bétharram, placé à l'extrémité du diocèse de Bayonne, entre Pau et Lourdes, à 24 kil. de Pau et 15 de Lourdes, doit son origine à un prodige inouï depuis Moyse. Des bergers occupés à garder leurs troupeaux, aperçurent un jour une flamme extraordinaire qui sortait d'un buisson situé sur la pente d'un rocher. C'était à l'endroit même où se dresse aujourd'hui l'autel principal de la chapelle. Ils se regardèrent étonnés, et s'approchant pour examiner de plus près cette lumière éblouissante, ils découvrirent au milieu d'un buisson qui semblait brûler sans se consumer, une fort belle image de la Sainte Vierge portant l'Enfant-Jésus dans ses bras. Placée d'abord par le curé de la paroisse dans une niche qu'on avait préparée à la hâte, non loin de là, sur l'autre rive du Gave; portée ensuite dans l'église de la paroisse, elle fut, chaque fois, miraculeusement transportée sur le rocher où elle avait été trouvée. Dès lors on comprit qu'il fallait laisser la pieuse image à l'endroit qu'elle s'était choisi, et lui bâtir en ce lieu même une chapelle.

La Vierge miraculeuse se nommait d'abord, croit-on, *Notre-Dame de l'Etoile* ou de l'*Estelle*, à cause de la lumière dont elle fut environnée, nom que porte encore le village voisin. Le nom de Bétharram lui serait venu plus tard, à la suite d'un miracle dont la tradition a religieusement conservé le souvenir : « Une jeune fille, en cueillant des fleurs, tomba dans le Gave; entraînée par les eaux, elle allait périr, lorsqu'elle invoqua la Madone de l'Estelle, qui lui tendit aussitôt une branche pour l'aider à regagner la rive. » Dans sa reconnaissance, la jeune miraculée offrit à sa libératrice un beau rameau aux feuilles d'or. De là Notre-Dame du Beau-Rameau, où de Beth-Arram, comme on dit dans l'idiome du pays du Béarn.

La chapelle ayant été détruite par les Huguenots, en 1569, des miracles s'opérèrent sur ses ruines, les pèlerinages s'y succédèrent, et elle fut reconstruite en 1614, telle qu'elle existe aujourd'hui.

II. *Le Calvaire.* — La nouvelle église était à peine reconstruite, que le Ciel voulut l'inaugurer et la consacrer par des prodiges presque quotidiens.

L'Archevêque d'Auch, Léonard de Trappes, étant venu la visiter en 1616, fut inspiré de prendre possession de la montagne qui la domine, et il planta, à cette fin, en grande pompe, une énorme croix de bois au sommet. Or, deux mois après, il plut au Seigneur de glorifier ce signe de notre salut par un évènement prodigieux : « Dans le mois de septembre de la même année 1616, cinq villageois de Montaut, bourgarde située vis-à-vis, entendent tout à coup comme un bruit de tempête du côté de Bétharram. Ils regardent : ô douleur ! ils voient tomber sous l'effort d'un vent impétueux, la croix récemment plantée par l'Archevêque d'Auch. Mais bientôt le tourbillon cesse. Alors la croix se relève d'elle-même, une éclatante lumière l'environne, et, à son faîte, se dessine une couronne resplendissante.

Le miracle fit grand bruit aussitôt en Béarn. Les Huguenots eux-mêmes n'osèrent le révoquer en doute ; il fut constaté juridiquement, cinq ans plus tard, par les délégués de l'Evêque.

Ce miracle fut comme le signal de l'édit, rendu neuf mois après par Louis XIII, pour l'entier rétablissement du culte catholique en Béarn. Il fit naître en même temps la pensée d'un Calvaire. La montagne qui en avait été le théâtre, fut taillée et façonnée sur le modèle du Golgotha et enrichie d'un Chemin de croix monumental, le premier et le plus beau de la France en ce genre.

Les prêtres gardiens de la chapelle furent constitués en Société par ordonnance de Mgr de Salettes, en 1626.

Le Calvaire fut reconstruit au commencement du XVIIIe siècle sur un plan plus vaste et plus beau. Il fut embelli après 1840 par huit bas-reliefs de A. Lenoir. Tel qu'il est aujourd'hui, il attire l'admiration de tous les connaisseurs en sculpture et arrache des larmes à la plupart des fidèles, même des cœurs les plus endurcis.

Une nouvelle Société, celle des prêtres du Sacré-Cœur de Jésus, fondée en 1841 par M. l'abbé Goriscoïts, veille à son entretien, ainsi qu'à celui de la chapelle.

VII. L'Insigne Basilique et les Corps saints de Saint-Saturnin de Toulouse.

I. *La Basilique.* — Longtemps collégiale, parfois appelée *papale*, cette insigne Basilique est dédiée au Saint-Esprit et à l'illustre disciple de saint Pierre, saint Saturnin, dont les sacrées dépouilles y reposent depuis quatorze siècles. Saint Silve, évêque de Toulouse, en jeta les fondements vers 380; saint Exupère la termina au commencement du Ve siècle et y ajouta un monastère. Renversée par les Sarrazins, elle fut relevée par Charlemagne qui l'enrichit des corps saints de six apôtres. Détruite de nouveau par le malheur des temps, elle fut rétablie telle qu'elle est par l'évêque Roger, et consacrée par le pape Urbain II en 1096. Le pape Calixte II y consacra l'autel de saint Augustin en 1119. Le pape Clément V y officia pontificalement le jour de l'Epiphanie de l'an 1309. Saint Bernard et saint Dominique y ont prêché. Elle a été visitée par un grand nombre de souverains qui l'ont comblée de largesses : Clovis Ier, Charlemagne, Louis-le-Débonnaire, etc., Louis XIV, les deux Napoléon. Elle a toujours été fière de ses nombreuses et insignes reliques; toujours elles ont été regardées comme le *rempart et l'honneur de la ville*, soit par les Capitouls, qui en ont revendiqué la garde, soit par les Toulousains et les fidèles qui, d'alentour et de loin, sont venus, en toute nécessité pressante, déposer solennellement leurs vœux auprès de leurs châsses. Enfin, Saint-Sernin devenu célèbre par une si grande affluence de fidèles, et jouissant de temps immémorial du titre et des honneurs des Basiliques, le Saint-Siège l'a confirmé dans ce privilège par deux brefs : celui d'Urbain VIII, en 1642, et celui de Léon XIII, en 1878. (*Cette inscription historique se lit à l'entrée de la grande nef*).

II. *Les Reliques.* — Aucune église au monde ne possède un trésor aussi riche de saintes reliques. Nous ne pouvons faire autre chose ici que d'en donner une brève énumération, dans l'ordre inverse de celui où elles étaient portées en procession le jour de la Pentecôte dans les rues de Toulouse.

1° *Une épine* de la *sainte Couronne*, détachée par saint Louis pour son frère Alphonse, comte de Toulouse.

2° *De la Sainte Vierge :* Une grande pièce de sa *robe* dans un reliquaire à part; une parcelle de la *pierre* sur laquelle elle déposa Jésus naissant, pendant quelques instants, dans le reliquaire de saint Julien; une parcelle de la pierre de son tombeau.

3° Deux ossements de *sainte Anne* dans un riche reliquaire.

4° Des reliques de saint Pierre et de saint Paul, données par Calixte II, en 1119, dans un reliquaire d'argent

5° La plus grande partie des reliques de saint Jude, données ainsi que les suivantes par Charlemagne.

Le culte de saint Jude, apôtre, patron des causes désespérées, a pris depuis quelque temps une grande extension. On a recours à lui de toutes parts et l'on en obtient beaucoup de grâces.

6° Une grande partie des reliques de saint Simon, apôtre.

7° Une partie considérable des reliques de saint Philippe, apôtre.

8° La majeure partie des reliques de saint Jacques-le-Majeur, apôtre.

9° Les principaux ossements de saint Jacques-le Mineur, apôtre.

10° Une partie de la tête et une partie de la peau de saint Barthélémy, apôtre.

11° La tête tout entière et d'autres ossements de saint Barnabé, apôtre.

12° Une relique de saint Grégoire-le-Grand.

13° Le corps de saint Honorat, 2e évêque de Toulouse, dans une châsse.

14° Le corps de saint Hilaire, 3e évêque de Toulouse, trouvé encore en 717 dans un état de parfaite conservation.

15° Le corps et le chef de saint Thomas d'Aquin.

16° Les corps de saint Asciel et de sa sœur sainte Victoire, de Cordoue.

17° Le corps de saint Sylve, 5e évêque de Toulouse.

18° Le corps de saint Gilles, moine.

19° Une relique du pape saint Pie V, dans un buste en bois doré.

20° Une relique de saint Frajou, martyrisé par les musulmans au VIIe siècle.

21° Une relique insigne de saint Martory, moine.

22° Le corps de saint Papoul, évêque et martyr.

23° Une côte de saint Bertrand, évêque de Comminges.

24° Une relique notable de saint Aventin, martyr du VIIIe siècle.

25° Une relique de saint Phébade, évêque d'Agen, IVe siècle.

26° Une portion du crâne de saint Gaudens, martyr, Ve siècle.

27° Un os de l'épaule de saint Guillaume, duc d'Aquitaine, VIIIe siècle.

28° Quelques ossements de saint Vincent de Paul.

29° Une partie des reliques de saint Etienne, diacre et premier martyr, avec une des pierres lancées contre le saint.

30° Diverses reliques de saint François de Paul; entre autres, une calotte et une écuelle du saint.

31° Un gros ossement de saint Louis d'Anjou, évêque de Toulouse, XIII° siècle.

32° Une clavicule et un doigt de sainte Germaine Cousin, XVI° siècle.

33° Le corps de saint Exupère, 6° évêque de Toulouse, V° siècle.

34° Un ossement de saint Maurice, chef de la légion thébéenne, III° siècle.

35° Un ossement considérable de l'un des autres martyrs de la légion.

36° Une des machoires avec une dent de saint Christophe, martyr, III° siècle.

37° Le crâne de saint Honest, martyr, collaborateur de saint Saturnin.

38° Des reliques des saints Innocents.

39° Le corps de saint Raymond, chanoine et constructeur de la Basilique de saint Sernin, XI° siècle.

40° Des reliques de saint Blaise, évêque martyr, IV° siècle.

41° La plus grande partie des reliques de saint Georges, martyr, IV° siècle.

42° Le corps de saint Gilbert, abbé, XII° siècle.

43° Une parcelle du corps et la chaîne de saint Orens, évêque d'Auch, IV° siècle.

44° Des reliques de sainte Lucie, vierge et martyre, III° siècle.

45° Quatorze ossements de sainte Suzanne, de Babylone.

46° Une mâchoire de saint Julien l'hospitalier, martyr, IV° siècle.

47° Une parcelle du corps de sainte Apollonie, vierge et martyre, III° siècle.

48° Des ossements de sainte Marguerite, vierge et martyre, III° siècle.

49° Le corps de saint Edmond, roi d'Angleterre, martyr, IX° siècle.

50° Une partie des corps de saint Cyr et de sainte Juliette, sa mère, martyrs en 304.

51° Une partie des reliques de sainte Agathe, vierge et martyre, IIIe siècle.

52° Une partie notable des reliques des saints Claude, Niscotrate, Symphorien, Castor et Simplice, martyrs sous Dioclétien.

53° Sous le titre des saints Martyrs, plusieurs reliques dont les noms ont disparu, soit par vétusté, soit par suite des troubles de la révolution.

54° Le corps de saint Saturnin, Ier évêque de Toulouse, martyrisé au Ier siècle.

VIII. **Notre-Dame du Port, à Clermont.**

I. *L'Eglise.* — L'église de Notre-Dame du Port est la plus ancienne église de Clermont-Ferrand. Elle fut bâtie, au VIe siècle, par saint Avit, évêque de cette ville, et, suivant une pieuse croyance, consacrée par les Anges.

Elle se compose d'une crypte, appelée la *Souterraine,* et d'une église supérieure.

Notre-Dame du Port est le berceau de la messe *Salve, sancta Parens*, que l'on y chanta pour la première fois, en 1095, au Concile de Clermont en présence du pape Urbain II. Là, comme au Puy, fut aussi chanté une des premières fois le *Salve Regina ;* là, fut encore promulgué le décret du pape Urbain II consacrant à la Mère de Dieu le samedi de chaque semaine.

Mais elle est surtout célèbre par la statue de *Notre-Dame du Port,* qui a lui donné son nom.

II. *La Statue.* — La statue miraculeuse de *Notre-Dame du Port* représente la Sainte Vierge assise, tenant l'Enfant-Jésus devant elle et sur le bras droit. La Mère, affectueusement inclinée vers l'enfant, porte son regard un peu plus loin, et semble dire à ceux qui la prient combien on est heureux de posséder ce doux trésor.

L'expression de l'ensemble est frappante. Elle étonne,

quand on considère combien les parties accessoires de la statue ont été négligées.

La statue est en bois de cèdre d'une extrême solidité, et dépasse à peine trente centimètres de hauteur.

Si haut qu'au remonte, on la voit vénérée de temps immémorial. On pense communément qu'elle fut placée dans la *Souterraine* par saint Avit. Et même, en supposant disparue la première statue, celle-ci lui aurait succédé, à une époque très reculée. Cette croyance des temps anciens est restée inébranlable à travers les siècles. Elle subsistait dans son intégrité, quand éclata la Révolution française.

A cette époque de funeste mémoire, la statue ne périt point, grâce au zèle de deux personnes pieuses, Mme Rebeyre et Mlle Saunier.

D'augustes pèlerins se sont prosternés devant la sainte Image. Outre les Souverains Pontifes Urbain II, Pascal II, Calixte II, Innocent II et Alexandre III, nous pourrions citer un grand nombre d'illustres prélats. Nous nous contenterons de nommer S. E. le cardinal Caverot.

III. *Le culte de N.-D. du Port.* — C'était principalement aux jours de grandes calamités que les fidèles de l'Auvergne faisaient éclater leur confiance en N.-D. du Port.

Il fut une époque, et cette époque dura plus d'un siècle, où il ne se passait pas d'année sans qu'on fût témoin de quelque miracle avéré, dû à la sainte Image. Les anciens *ex-voto* tapissaient les murs de la *Souterraine*. Ils ont disparu à la Révolution, mais de nouvelles faveurs en ont amené de nouveaux: on les y compte aujourd'hui par milliers.

En 1864, la sainte Image disparut. L'épreuve fut amère pour les cœurs dévoués à Marie, et dura jusqu'en 1873. La personne qui avait eu le malheur de succomber à la tentation, a eu le bonheur de se laisser vaincre par la grâce.

Un jour, pendant qu'elle considérait l'objet de son larcin, elle fut tout à coup frappée de stupeur. Elle venait de voir très distinctement des larmes couler des yeux de la sainte Image. Dans son effroi, elle se prosterna la face contre terre, s'empressa de demander pardon, et prit aussitôt la résolution de restituer. Pour éviter d'être jamais connue, elle s'entendit à cet effet avec son confesseur.

La réintégration de la statue miraculeuse dans son antique sanctuaire se fit avec la plus grande solennité, en présence de l'évêque du diocèse, d'un nombreux clergé et d'une grande affluence de peuple.

Depuis cette époque, le pèlerinage a retrouvé son ancienne popularité. Une gloire manquait encore à Notre-Dame du Port : celle du couronnement solennel. Mgr Féron, évêque de Clermont, l'obtint du Souverain Pontife Pie IX, et la cérémonie fut fixée au 21 juin 1875. Ce fut une belle fête, où se trouvaient réunis six évêques, plus de sept cents ecclésiastiques, et les autorités civiles et militaires.

Mgr Boyer, successeur de Mgr Féron, a sollicité et obtenu de Léon XIII l'élévation de l'église de Notre-Dame du Port au rang de basilique mineure.

IX. Paray-le-Monial.

I. *La Basilique*. — Il y avait autrefois à Paray-le-Monial un prieuré de Bénédictins, fondé en 973 ; on y voit encore aujourd'hui la belle église romane qui fut bâtie par les moines du XV⁰ siècle. Mais ce qui en fait la gloire et l'attrait, c'est la chapelle de la Visitation, illustrée par les Apparitions du Sacré-Cœur à la B. Marguerite-Marie.

II. *La Chapelle de la Visitation*. — Cette chapelle est restée la même qu'elle était au temps des Apparitions. L'art et la piété l'ont réparée, rajeunie, mais le vaisseau n'a pas été changé, les dimensions non plus ; l'autel et la grille étaient là où nous les voyons encore. Une inscription placée au-dessus de la grille, rappelle les grandes choses qui s'y sont accomplies : « En ce saint lieu N. S. révéla ses richesses et les désirs de son cœur à notre B. S. Marguerite-Marie. »

L'autel primitif a été toutefois remplacé à deux reprises ;

celui qui existe aujourd'hui, fait pour recevoir la châsse de la Bienheureuse qui y repose pendant l'hiver, est du milieu de ce siècle.

Il y a dans le sanctuaire 15 lampes suspendues, et sur les autels 14 lampes à verre rouge posées sur des trépieds, qui sont allumées nuit et jour devant Jésus-Hostie ; des *ex-voto*, des bannières parmi lesquelles trois sollicitent davantage le regard, celles de l'Alsace et de la Lorraine, et le *fac simile* de l'étendard de Patay.

III. *Les Reliques de la Bienheureuse*. — La Bienheureuse fut inhumée dans un caveau sous le chœur; mais en 1763, elle fut retirée de la case où on l'avait mise ; le cercueil fut ouvert ; les chairs et les vêtements mêlés à la chaux qui les avait pénétrés furent recueillis avec respect et distribués peu à peu aux fidèles sous le titre de Cendres de la Vénérable Marguerite Marie Alacoque. Les ossements furent conservés dans une châsse de bois de chêne vitré, qui resta dans le caveau jusqu'à l'expulsion des sœurs en 1792.

La châsse qui les renferme aujourd'hui a été donnée par la munificence des catholiques Belges. Le pèlerin qui contemple cette œuvre admirable attache surtout ses regards sur l'effigie qu'elle supporte. La figure et les mains sont en cire, l'intérieur est en coton, et dans ce coton se trouvent les ossements de la Sainte cousus, chacun hermétiquement, dans un étui de drap d'or, et disposés exactement comme ils le sont dans le corps humain. Le tout est revêtu d'une robe noire, de la guimpe et du voile.

Les chairs de la Bienheureuse sont consumées, avonsnous dit ; les ossements sont desséchés ; mais le cerveau est demeuré intact et, placé aujourd'hui dans un reliquaire à part, il reçoit dans le chœur des religieuses les hommade leur dévotion.

IV. *Le jardin*. — Plusieurs lieux ont été consacrés aussi dans l'enclos du monastère par les apparitions du Sacré-Cœur : le Bosquet de Noisetiers, la Chapelle du fond du jardin, la cour de la sacristie, dite aussi cour des séraphins et le cabinet des novices. La clôture qui en interdit l'accès fut momentanément levée pendant le mois des grands pèlerinages de 1873 et de 1874; mais depuis il n'avait plus été possible d'y pénétrer; cette grande faveur sera d'autant plus appréciée par ceux à qui elle est de nouveau faite en cette année du centenaire.

V. *Les parloirs du Monastère.* — Ils sont restés les mêmes depuis l'origine de la fondation. C'est là que la B. Marguerite-Marie vint en 1671 se présenter comme postulante ; là que lui furent dites au fond du cœur les paroles qui déterminèrent son choix : « C'est ici que je te veux. » Derrière les grilles de ces parloirs aussi, notre Bienheureuse vint maintes fois pour donner de saints conseils.

VI. *Les Reliques du V. P. de la Colombière.* — A l'extrémité de la rue de la Visitation se trouve l'ancienne maison de probation des Pères Jésuites, dans la chapelle de laquelle sont pieusement conservés les restes du Vénérable P. de la Colombière, le directeur donné par Notre-Seigneur à la B. Marguerite-Marie. La chapelle était sous scellés, mais des couronnes accrochées à la muraille montrent la place du tombeau. Beaucoup de grâces sont obtenues par l'intercession du saint Religieux, dont la cause de béatification est introduite à Rome.

VII. *Musée Eucharistique.* — La maison des Pères Jésuites est devenue un musée célèbre qui est à visiter, le *Musée eucharistique,* dont un petit livret qui se vend à l'entrée explique les richesses. On parcourra successivement le Vestibule, la Salle des Docteurs, la Galerie des Miracles, la Salle du Sacré-Cœur, la Galerie des Hommages, la Bibliothèque Eucharistique, la Salle des Pactes.

VIII. Les autres monuments à visiter sont : la Basilique du Sacré-Cœur, la Résidence des Chapelains avec le clos où se fait le chemin de la Croix, la Chapelle de l'avenue de Charolle, le Monastère des Clarisses, l'Hôtel-Dieu avec sa Chapelle des Reliques, la Maison des Dames de la Retraite, l'Hôtel de ville, N.-D. de Romay, à un kilomètre, avenue de Charolle (1).

X. Mattaincourt.

Le B. P. Fourier, curé de Mattaincourt, fondateur de la Congrégation de Notre Dame et réformateur de l'Ordre des Chanoines Réguliers de saint Augustin, fut l'apôtre, la lumière et la providence de la Lorraine après les ravages causés par la Réforme protestante. Mort en 1652, il fut béatifié en 1730. Le Saint Siège instruit en ce moment la cause de sa canonisation.

Sur son tombeau, qui est resté miraculeux, a été élevée une église splendide. Ses reliques y sont l'objet d'un pèlerinage très fréquenté.

(1) Voir *Le Guide illustré* de Paray-le-Monial, par l'abbé Gabriel CHATELET, chapelain de la Basilique. Prix : 50 cent.

TABLE DES MATIÈRES

CANTIQUES

TROISIÈME PARTIE

NOTICES

St-Dié, Imp. L. Humbert.

(10 Centimes) **1890**

XIVᵐᵉ PÈLERINAGE LORRAIN

A NOTRE-DAME DE LOURDES

AVEC

Stations à Montmartre, à la Métro-
pole N.-D. de Paris, à N.-D. des Vic-
toires, à Saint-Sernin de Toulouse,
à N.-D. du Port de Clermont, à Pa-
ray-le-Monial et à Mattaincourt,

Sous la Présidence de S. G. Mgr l'Évêque de Saint-Dié,

DU MARDI 2 AU SAMEDI 13 SEPTEMBRE

I. Avis généraux.

1º *Trains spéciaux.* — Deux trains spéciaux trans-
porteront les pèlerins de *Nancy* à *Lourdes*, à l'aller;
et de *Lourdes* à *Hymont-Mattaincourt*, au retour. Le
maximum de chaque train est fixé par la Compagnie du Midi à 14 voitures de voyageurs.

Le 1ᵉʳ train — *train blanc* — recevra les groupes
de Saint-Dié, Epinal et Strasbourg, avec les malades et leurs aides.

Le 2ᵉ train — *train bleu* — sera réservé aux groupes de Metz, Nancy, Langres et la Haute-Saône.

2º *Composition des trains.* — Les voitures des trains
seront disposées dans l'ordre suivant, à partir de la locomotive : 3ᵉ classe, 1ʳᵉ classe, 2ᵉ classe.

Dans le 1ᵉʳ train, quatre voitures seront réservées exclusivement aux malades et à leurs aides. Ces quatre voitures seront placées à la queue du train.

3º *Etiquettes des compartiments.* — En vue de prévenir
les embarras de l'embarquement, tous les pèlerins ont été
classés à l'avance dans les compartiments des trains.
Chaque pèlerin trouvera indiqués sur sa carte de pèlerinage le train et le compartiment qui lui ont été assignés.

Les compartiments seront numérotés au moyen d'étiquettes placées aux portières : *blanches* pour le premier train, *bleues* pour le second. — Les numéros se comptent, pour chaque classe, en partant de la tête du train, c'est-à-dire de la locomotive.

4° *Embarquement*. — Les pèlerins doivent se trouver une demi-heure à l'avance dans toutes les gares de départ, et prendre place dans le compartiment dont leur billet porte le numéro. Un simple coup d'œil sur le train leur suffira pour reconnaître ce compartiment. En cas de difficulté, ils pourront recourir au directeur de leur groupe.

5° *Marche des trains*. — Les trains spéciaux se suivront de très près : à une demi-heure ou une heure au plus d'intervalle. Leur marche a été combinée de manière que les pèlerins n'aient jamais deux nuits de suite à passer en wagons et ne soient privés aucun jour de la Sainte Messe ni de la Sainte Communion.

6° *Changement de classe, de train ou de compartiment.* — Il est permis de passer d'une classe inférieure à une classe supérieure ; mais cela ne peut se faire sans l'autorisation du chef de train, qui impose alors une surtaxe proportionnelle au trajet parcouru avec le nouveau billet, en tenant compte toutefois de la réduction de 50 % dont jouissent les pèlerins.

On ne doit pas non plus de soi-même changer de train ni de compartiment ; ce serait créer la confusion.

7° *Billets de pèlerinage*. — Les billets de pèlerinage sont à coupons. Chaque coupon porte inscrite au bas l'indication de la gare où il doit être retiré.

Ces billets sont des valeurs et doivent être conservés avec le plus grand soin. Une fois remis entre les mains des pèlerins, ils restent confiés à leur garde, à leurs risques et périls.

Tout billet égaré ou volé devra être remplacé aux frais de celui qui l'a perdu. La direction du pèlerinage ne peut se charger d'aucune responsabilité sur ce point.

Tout billet qui reste intact a droit au remboursement ; il en serait autrement, si un seul de ses coupons avait été détaché ou simplement contrôlé.

8° *Prix des Billets*. — Dans le prix des billets est comprise la part de chaque pèlerin aux frais généraux du pèlerinage, frais qui sont assez considérables :

A) Location des voitures aux Compagnies, pour les parcours à effectuer sur d'autres réseaux que les leurs : location qui a pour but d'éviter aux pèlerins les embarras des transbordements pendant la route ;

B) Correspondance, programmes et autres imprimés ;
C) Bannières et offrandes faites aux différents sanctuaires visités par les pèlerins;
D) Gratifications, etc.

Le reliquat est affecté aux malades.

9° *Enfants.* — Les enfants de 3 ans et au-dessous voyagent gratuitement; au-dessus de cet âge, ils sont soumis aux mêmes conditions de transport que les adultes.

10° *Usage des Billets.* — Les billets de pèlerinage ne sont valables que pour les trajets compris entre le point de départ et le point d'arrivée du groupe dont on fait partie : Epinal, Saint-Dié, Nancy, Langres. Ils sont payés à partir de la gare à laquelle se forme ce groupe, et non pas seulement à partir de celle où l'on prend le train.

Les trajets particuliers que les pèlerins ont à faire, soit pour rejoindre leur groupe (à l'aller), soit après l'avoir quitté (au retour), restent à leur charge et doivent être effectués avec des billets ordinaires.

11° *Bagages.* — Les pèlerins n'ont droit à prendre avec eux d'autres bagages que ceux qui se portent à la main et qui peuvent se mettre sous les banquettes ou sur les filets des wagons. Tout colis ayant besoin d'être mis au fourgon serait taxé au prix du tarif dans les trains ordinaires.

12° *Précautions hygiéniques.* — Ne pas boire d'*eau pure* dont la provenance soit douteuse ; la couper d'un peu de vin ou de café; se défier du vin frelaté et du café aigri ; user modérément des fruits nouveaux.

13° *Provisions.* — Les arrêts aux gares pourvues de buffets étant relativement courts, les provisions sont *absolument* nécessaires : 1° à l'**Aller**, pour les trajets de Saint-Dié à Paris et de Paris à Lourdes (les deux repas de midi et du soir); et 2° au **Retour**, pour le trajet de Lourdes à Paray-le-Monial (les deux repas de midi et du soir du mercredi, le déjeuner et le dîner du jeudi).

14° *Logements.* — A *Paris*, à *Lourdes* et à *Paray-le-Monial*, les pèlerins doivent pourvoir eux-mêmes à leur logement.

A *Lourdes*, les habitants logent presque tous, à raison de 1 fr. 50 ou 2 francs par lit, et beaucoup s'offrent à préparer à leurs hôtes tous les repas de la journée. Dans les hôtels, qui sont très nombreux, les prix varient de 5 à 10 francs par jour; ils sont un peu plus é'evés durant le pèlerinage national. Nous pouvons recommander : 1° la *Villa Jésus-Marie*, Boulevard de la Grotte, tenue par Mme Sonntag, veuve d'un commandant, originaire d'Alsace ; 2° l'*Hôtel Saint-Joseph*, Boulevard de la Grotte, tenu par C. Petitdemange, également originaire de l'Alsace ; 3°

l'*Hôtel Belle-Vue*, rue de la Grotte, tenu par M. Chapuy ; 4° la maison de Mme Lucie Couradette, cousine-germaine de Bernadette, rue du Pourtet, 1. Prix à partir de 4 fr. 50. Ecrire à l'avance.

A *Paray-le-Monial,* on peut s'adresser soit à M. Sandre, soit à Mme veuve Drago, en face de la Visitation.

II. Recommandations.

1° *Croix de pèlerinage.* — Les pèlerins porteront la Croix de pèlerinage — petite croix rouge de Lorraine — sur le côté gauche.

La grande croix rouge sur fond blanc ou en couleur est l'insigne spécial des membres du Comité.

2° *Règlement.* — Recommandation spéciale est faite d'observer le règlement pour tout ce qui concerne les prières et les chants. Lire les avis généraux donnés dans le *Manuel,* pages 5 et suivantes.

3° *Soin des Billets.* — Avoir un soin tout particulier des billets de pèlerinage ; car, si quelque pèlerin venait à perdre le sien, il ne serait pas possible à la Direction de lui en donner un *duplicata,* et dès lors il se trouverait dans l'obligation d'en prendre un autre et d'en payer le montant une seconde fois.

4° *Chants dans les gares.* — Les pèlerins sont instamment priés de ne pas chanter dans les gares et pendant les arrêts.

5° *Chefs de dizaine.* — Les chefs de dizaine, qui auront bien voulu se charger de cet office, sont priés de se rendre à la gare un peu à l'avance, de se tenir à la portière de leur compartiment et de n'y laisser monter que les ayants-droit.

Ils sont priés également de veiller à l'observation du règlement, de donner le signal des prières et de les présider.

III. Horaire.

1° ALLER

Raccordements de SAINT-DIÉ, ÉPINAL, METZ, avec la gare de NANCY.

Le Mardi soir 2 Septembre.

Les trains spéciaux ne se formant qu'à la gare de Nancy, les pèlerins des groupes de Saint-Dié, d'Epinal et de Metz, devront se rendre à cette gare par les trains ordinaires et aux heures indiquées dans les tableaux ci-dessous, dans des wagons réservés toutefois et où ils pourront vaquer librement aux exercices du pèlerinage.

Groupe de Saint-Dié

Départ de **St-Dié**, 2 h. 16 soir. *Ave maris Stella.*
— de Saint-Michel, 2 h. 26. *Prières de l'Itinéraire.*
— d'Etival, 2 h. 34. *1er Chapelet.*
— de Raon-l'Etape, 2 h. 43.
— de Bertrichamps, 2 h. 51.
— de Baccarat, 3 h. *Vêpres de la Ste Vierge.*
— d'Azeraill., 3 h. 8.
— de Ménil-Flin, 3 h. 14. *Cantiques.*
— de St-Clément, 3 h. 25.
— de Lunéville, 3 h. 41. *2e Chapelet.*
— de Blainville, 4 h. 30. *Lit. de N.-D. de Lourdes.*
Arrivée à **Nancy**, 5 h. 6.

Cérémonie de Départ. — Le *Mardi 2 Septembre*, à 1 heure du soir, à la Grotte du Grand Séminaire de Saint-Dié, bénédiction et distribution des Croix de pèlerinage par Mgr Sonnois, avec allocution de Sa Grandeur et Salut du Très Saint Sacrement.

Nota. — Lire dans le *Manuel*, page 93, ce qui y est dit sur l'importance, la signification et l'ordre de cette cérémonie.

Groupe d'Épinal

Départ d'**Épinal**, 3 h. 12 soir. *Ave maris stella.*
— de Thaon, 3 h 24. *Prières de l'Itinéraire.*
— d'Igney, 3 h. 29. *1er Chapelet.*
— de Châtel, 3 h. 35.
— de Vincey, 3 h. 43.
— de Charmes, 3 h. 53. *Vêpres de la Ste Vierge. Cantiques. 2e Chapelet. Lit. de N.-D. de Lourdes.*
Arrivée à **Nancy**, 5 h. 6.

Groupe de Metz

Départ de **Metz**, 2 h. soir.
— de Pagny-s.-M., 3 h. 14. *Ave maris stella.*
— de Pont-à-Mousson, 3 h. 25. *Prières de l'Itinéraire. 1er Chapelet.*
— de Frouard, 3 h. 49.
— de Champigneulle, 3 h. 54. *Vêpres de la Ste Vierge. 2e Chapelet.*
Arrivée à **Nancy**, 4 h. 2.

De NANCY à PARIS.

Du mardi soir 2 au mercredi matin 3 septembre.

A Nancy, église Saint-Léon, à 4 h. du soir, cérémonie de départ présidée par Mgr Turinaz.

	1er Train	2e Train	Arrêts	Règlement.
Dép. de **Nancy**...	5 40	6 20		*Magnificat.*
— de Champigneulle.....	5 49	6 29	1 m.	*3e Chapelet.*
— de Frouard...	5 57	6 39	3 m.	*Cantiques.*
— Liverdun.....	6 09	6 52	1 m.	*Souper.*
— de Fontenoy..	6 24	7 06	1 m.	
— de Toul.......	6 41	7 24	4 m.	
— de Foug......	6 54	7 37	1 m.	

	1er Train	2e Train	Arrêts	Règlement.
Dép. de Pagny-s.-M.	7.05	7.49	2 m.	*Souper.*
— de Sorcy.....	7.15	7.59	1 m.	
— de **Commerc.**	7.29	8.14	4 m.	*Prières du soir.*
— de Lérouville.	7.43	8.30	8 m.	*Miserere. Parce.*
— de Nançois-le-Petit........	8 25	8 56	1 m.	
— de **Bar-le-Duc**.......	8.57	9.55	26 m.	*Grand silence.*
— de **Blesme**..	9.51	10.49	5 m.	
— de Vitry-le-Fr.	10.09	11.08	3 m.	
— de **Châlons**..	11.01	11.59	8 m.	
— d'Epernay....	11.50	12.47	7 m.	
— de Chât.-Th.	12.58	1.54	5 m.	
— de La Ferté-s.-Jouarre..	1.42	2.36	3 m.	
— de **Meaux**...	2.50	3.09	4 m.	
— de Lagny.....	3.15	3.33	2 m.	
— de Noisy-le-S.	3.42	4.»»	1 m.	
Arrivée à **Paris**...	4.»»	4.18		

Du mercredi matin 3 au jeudi matin 4 septembre.

Séjour à PARIS, avec stations à la Basilique du Sacré-Cœur, à la Métropole Notre-Dame, à Notre-Dame des Victoires.

(Lire dans le *Manuel*, pages 167-173, les notices qui concernent ces trois sanctuaires).

1° **Station à Montmartre**, *le Mercredi matin, de 6 h. à 10 h.* (Voir *Manuel*, page 167). — *Itinéraire :* On peut se rendre facilement de la gare de l'Est à Montmartre à pied, en une demi-heure, en suivant le boulevard *Magenta*, le boulevard *Rochechouard*, la rue *Clignancourt*, la rue *Ramey*, la rue de la *Fontenelle*.

Cérémonies. — De 5 h. à 8 h., *Messes de Communion.* Des autels en nombre suffisant seront mis à la disposition des prêtres du pèlerinage. A 8 h., *Messe solennelle*, célébrée par Mgr Sonnois à l'autel principal, et pendant laquelle les pèlerins chanteront le *Credo*, l'*Ave Maris Stella*, le cantique *Cœur de Jésus* (pages 31, 42, et 161 du *Manuel*). Après la Messe, prières de la Neuvaine, page 104, puis procession au chant du cantique au Sacré-Cœur : *Pitié mon Dieu* (page 151); offrande et bénédiction d'une pierre.

Les pèlerins trouveront à déjeuner, à un prix très modique, dans la maison Saint-Joseph, en face de la chapelle provisoire.

2° **Station à la Métropole Notre-Dame**, *le Mercredi soir à 4 h.* (Voir *Manuel*, page 171). — *Itinéraire :* La métropole Notre-Dame s'élève presque au centre de Paris, au-delà du Louvre, dans l'île formée par les deux bras de la Seine. On peut s'y rendre de tous les points de la ville par les omnibus, les tramways, les bâteaux.

Ordre de la cérémonie. — La vraie Croix, la sainte Couronne d'épines, le saint Clou seront exposés sur un autel dressé au fond de la grande nef, dans l'avant-chœur. A 4 h., chant du cantique : *Je suis chrétien* (page 158). Allocution. Vénération des saintes reliques à la balustrade, au chant du *Vexilla Regis* et du *Stabat Mater* (pages 164 et 165 du *Manuel*), la foule répondant par les strophes *O Crux ave* et *Sancta Mater istud agas.* Salut du T. S. Sacrement. Chant du cantique : *Autour du successeur de Pierre* (page 157).

3° **Station à Notre-Dame des Victoires**, *le Jeudi matin.* (Voir *Manuel*, page 171). — *Itinéraire :* L'Eglise de Notre-Dame des Victoires se trouve Place des Petits-Pères, entre le palais de la Bourse et les Grandes Halles. Une station de voitures de place est à côté.

Ordre de la cérémonie. — Par exception, l'église sera ouverte à 5 h. 1/2. Les autels seront réservés aux prêtres du pèlerinage jusqu'à 8 h. A 6 h., *Messe de départ,* célébrée à l'autel de l'Archiconfrérie par Mgr Sonnois. Pendant la Messe : chant du *Credo,* des Litanies de la Sainte Vierge et de l'*Ave Maris Stella.* Chant du cantique : *Vierge, notre espérance* (pages 31, 22, 42 et 154).

De PARIS à LOURDES.

Le Jeudi matin 4 et le Vendredi matin 5.

Le départ de Paris se fera par la gare d'Orléans. Les pèlerins du 1er train (*train blanc*) devront se trouver à cette gare à 8 h. 25 du matin; et ceux du 2e (*train bleu*) à 9 h. 25. Pour s'y rendre de l'église de Notre-Dame des Victoires, prendre des voitures de place ou les omnibus, places de la Bourse et de Louis XIV; ou gagner par la rue Richelieu le quai de la Seine.

Il y aura pour chaque train des arrêts plus longs aux heures des repas de midi et du soir.

	1er Tr.	Arrêts Minut.	2e Tr.	Arrêts Minut.	Règlement.
Dép. de **Paris** (gare d'Orléans).......	8.55		9.55	»	*Ave maris St.*
Arr. à Juvigny.....	».»»		».»»	»	*Pr. de l'Itinér.*
— à Brétigny....	».»»		».»»	»	*Méditation.*
— à Etampes....	».»»		».»»	»	*1er Chapelet.*
— aux **Aubrais-Orléans**...	».»»		».»»	»	*Neuvaine.*
— à Vierzon.....	».»»		».»»	»	*Cantiques.*
— à **Issoud.** (1).	».»»		».».	»	*Ave maris stel.*
— à **Châteaur.**	».»»		».»»	»	*2e Chapelet.*
— à Argenton...	».»»		».»»	»	*V. de la S. V.*
— à St-Sébastien	».«»		».»»	»	
— à St-Sulpice.	».»»		».»»	»	*Cantiques.*
— à Limoges....	».»»		».»»	»	*3e Chapelet.*
— à Nexon......	».»»		».»»	»	*Litanies.*
— à **Périgueux**	».»»		».»»	»	*Miserere.*
— à Le Buisson.	».»»		».»»	»	*Prières du soir.*
— à Villefranche.	».»»		».»»	»	
— à **Agen**......	».»»		».»»	»	
— à Bon-Encont.	».»»		».»»	»	
— à Astaffart....	».»»		».»»	»	
— à Fleurance...	».»»		».»»	»	
— à **Auch**......	».»»		».»»	»	
— à St-Jean-le-Comtal.....	».»»		».»»	»	
— à Mirande....	».»»		».»»	»	*Priér. du mat.*
— à Villecomtal.	».»»		».»»	»	*Méditation.*
— à Vic-Bigorre.	».»»		».»»	»	
— à **Tarbes**....	».»»		».»»	»	*1er Chapelet.*
— à Ossun......	».»»		».»»	»	*2e Chapelet.*
— à Adé........	».»»		».»»	»	*Chant du Sal.* *d'arr.*, p. 156.
— à **Lourdes**...	».»»		».»»	»	*Ave maris St.* *Magnificat.*

(Ces heures seront données sur une feuille à part.)

On se rendra directement de la gare à la Grotte, où les malades seront transportés, avant même d'être hospitalisés à Notre-Dame des Sept-Douleurs.

Séjour à LOURDES.

Du Vendredi matin 5 au Mercredi matin 10 Septembre.

I. **Faveurs.** — 1° *A tous les pèlerins.* — Par un rescrit

(1) Lire la Notice sur N.-D. du Sacré-Cœur, page 173 du *Manuel.*

en date du 21 juin 1884, Notre Très Saint Père le Pape accorde aux fidèles qui vont en pèlerinage au sanctuaire de Notre-Dame de Lourdes, les indulgences et les privilèges suivants :

« Une indulgence plénière aux pèlerins qui, visitant avec dévotion la Basilique dédiée à Notre-Dame de Lourdes ou la Crypte de cette église, y prieront pieusement pendant quelque temps selon les intentions du Souverain Pontife, pourvu que, vraiment contrits, ils se soient confessés et aient reçu la Sainte Communion ;

« Une indulgence également plénière, en faveur des mêmes pèlerins, si, à l'accomplissement des conditions indiquées plus haut, ils ajoutent celle *de s'être livrés à de pieux exercices de religion, pendant le voyage entrepris par eux pour venir au Sanctuaire sus-nommé.*

« Toutes ces indulgences peuvent être appliquées aux âmes du Purgatoire. »

2° *Aux prêtres.* — Il est permis aux prêtres de célébrer une fois à Lourdes la Messe votive *de Beatâ* aux jours où ne tombent ni une fête de 1ᵣᵉ ou de 2ᵉ classe, ni une fête de la sainte Vierge.

Les prêtres faisant partie du pèlerinage sont ordinairement avisés qu'ils reçoivent de Mgr l'Evêque de Tarbes, par le R. P. Supérieur des Missionnaires de la Grotte, pour toute la durée du pèlerinage, les mêmes pouvoirs qu'ils ont dans leurs diocèses respectifs.

II. **Avis aux malades.** — Les pèlerins favorisés de quelques grâces de guérisons dans ce pèlerinage ou précédemment, sont priés de les faire connaître au bureau de constatation. Ils peuvent se servir pour cela de l'intermédiaire des Directeurs du pèlerinage.

III. **Confession.** — Les pèlerins pourront se confesser : 1° dans la Crypte, aux RR. PP. Missionnaires de la Grotte ; 2° dans la Basilique, aux prêtres du pèlerinage (les confessionnaux des chapelles latérales).

IV. **Objets de piété.** — Les objets de piété sont bénits et indulgenciés tous les jours : 1° *à la Basilique,* après chacun des offices qui s'y célèbrent ; 2° *à la Grotte,* après la Messe de 8 h. du matin et après le Salut de 4 h. ½, et de temps en temps dans la journée. On peut aussi les faire bénir en particulier aux Pères Missionnaires.

On est prié de ne rien acheter le Dimanche.

V. **Objets perdus.** — Les objets trouvés devront être rapportés au bureau de la Direction, sous les arcades de la rampe de l'église du Rosaire. C'est là aussi que devront être portées les réclamations pour les objets perdus.

VI. **Bureaux**. — Les pèlerins qui désirent faire dire des Messes à Lourdes, demander des envois d'eau, donner leurs noms à la Confrérie de l'Immaculée-Conception, doivent s'adresser aux bureaux qui se trouvent à gauche de l'entrée de la Basilique.

VII. **Silence autour de la Grotte**. — La Grotte et l'esplanade qui l'entoure étant un lieu consacré à la prière, les pèlerins s'y tiendront toujours dans le recueillement et le silence.

VIII. **Ordre sommaire des cérémonies**. — *Le Vendredi 5 Septembre :* A 10 h. ½ du matin, Messe d'arrivée à la Grotte (ou à la Basilique) par Mgr Sonnois.

A 3 h. du soir, Vêpres solennelles à la Basilique ; sermon par Mgr Sonnois ; chant du cantique *O Marie, ô divine Mère* (page 156).

A 4 h. ½, Salut du Saint Sacrement à la Grotte pour tous les malades ; retour du Saint Sacrement en procession de la Grotte à la Basilique.

A 7 h., vers la nuit, réunion à la Grotte, allocution, procession aux flambeaux par tous les pèlerinages présents à Lourdes, au chant de l'*Ave, Ave, Ave Maria*.

Dans la soirée, depuis 2 h. jusqu'à 6 h., prières à la Grotte et aux Piscines pour les malades.

Le Samedi 6 Septembre : Depuis 6 h. du matin, Messes de communion à la Grotte : chant du *Credo*, des Litanies de la Sainte Vierge (page 22), de l'*Ave Verum*, etc.

A 6 h. ½, autre Messe de communion à la Basilique.

A 9 h. ½, Messe chantée à la Basilique avec sermon ; après la Messe, chant du cantique *O Marie, ô Mère chérie* (page 159).

A 2 h. du soir, Vêpres à la Basilique, chant du cantique *Autour du successeur de Pierre* (page 157).

A 4 h. ½, Salut du Saint-Sacrement à la Grotte pour les malades ; procession du Saint-Sacrement de la Grotte à la Basilique, au chant du *Pange lingua*.

A 7 h. ½, réunion à la Grotte, allocution et procession aux flambeaux, au chant de l'*Ave Maria*.

Dans la journée, de 7 h. du matin à 6 h. du soir, à la Grotte et aux Piscines, prières pour les malades : prières auxquelles tous les pèlerins sont invités à prendre part.

Le Dimanche 7 Septembre : Messes de communion comme le Samedi.

A 9 h., Messe chantée à la Basilique avec sermon. Après la Messe, chant du cantique *Je suis chrétien* (page 158).

A 11 h., à la Basilique, Messe basse avec très beaux chants exécutés par la chorale des Missionnaires.

A 2 h., à la Basilique, petites Vêpres chantées avec le concours de la même chorale; visite aux Grottes de Notre-Dame des Sept-Douleurs et de Sainte Madeleine.

A 4 h. ¼, à la Grotte, Salut du Très Saint Sacrement pour les malades; procession du Saint Sacrement, comme les jours précédents.

A 7 h., réunion à la Grotte, allocution et procession aux flambeaux.

Le Lundi 8 Septembre, fête de la Nativité de la Sainte Vierge : Messes de communion aux mêmes heures que les jours précédents.

A 9 h., à la Basilique, Messe pontificale chantée par Mgr Sonnois, avec sermon ; après la Messe, chant du cantique *O toi, Mère chérie* (page 154).

A 2 h., petites Vêpres, suivies du cantique *Tout enivré d'une gloire éphémère* (page 152).

A 4. h. ¼, à la Grotte, Salut du Saint-Sacrement pour les malades.

A 7 h., réunion à la Grotte, allocution et procession aux flambeaux, si le temps le permet.

Le Mardi 9 Septembre : Messes de communion, comme les jours précédents.

A 9 h., à la Basilique ou à l'église du Saint Rosaire, Messe chantée, avec sermon. Après la Messe, chant du cantique *O Marie, ô divine Mère* (page 156).

A midi, départ pour Bétharram. Visite à l'église de N.-D. de Bétharram; Chemin de Croix (page 70) avec chant du cantique *Vive Jésus, vive sa Croix;* Salut du Saint Sacrement. A 4 h. ¼, retour à Lourdes. Prix du billet, aller et retour, 3e classe, 80 centimes.

A 4 h. ½, à la Grotte, Salut du Saint Sacrement pour les malades.

A 7 h., réunion à la Grotte; adieux par Mgr Sonnois; procession aux flambeaux.

Le Mercredi 10 Septembre : A 6 h., à la Grotte, Messe de départ par Mgr Sonnois.

De LOURDES à TOULOUSE.

Le mercredi 10 septembre.

	1er Tr. matin	Arrêts Minut.	2e Tr. matin	Arrêts Minut.	
Dép. de **Lourdes.**	8.40	»	9.»»	»	*Magnific. Ave mar. st. Méditat.* p. 143.

	1er Tr. matin	Arrêts Minut.	2e Tr. matin	Arrêts Minut.	
Arr. à **Tarbes**.....	».»»	»	».»»	»	*1er Chapelet.*
— à **Lannemez.**	».»»	»	».»»	»	*Cantiq., Neuv.*
— à **Montréj**...	».»»	»	».»»	»	*2e Chapelet.*
— à **St-Gaud**...	».»»	»	».»»	»	*Lit. de N.-D.*
— à **Boussens**..	».»»	»	».»»	»	*3e Chapelet.*
— à **Muret**.....	».»»	»	».»»	»	*V. de la S. V.*
— à **Toulouse**..	4.25	»	4.50	»	

On se rendra directement de la gare à la Basilique Saint-Sernin par le boulevard d'Alsace; le chemin peut se faire en moins de dix minutes.

Station de TOULOUSE.

Le mercredi soir 10 Septembre.

NOTA. — Lire, page 180 du *Manuel,* la notice sur la Basilique de Saint-Sernin et ses Corps saints.

Ordre de la cérémonie. — Les reliques seront exposées dans le chœur de la Basilique. La crypte sera ouverte. A l'arrivée, chant du cantique *Vive Jésus, vive sa Croix* (page 153). A 5 h., chant du *Magnificat;* allocution par M. le Curé de Saint-Sernin; procession des reliques exposées; Salut du T. S. Sacrement; chant du cantique *Autour du successeur de Pierre* (page 157). Pendant ce temps, visite facultative de la crypte.

La cérémonie ne durera pas plus d'une heure.

On poura se procurer à la porte de la Basilique la notice sur la Basilique et les corps saints de Saint-Sernin, avec des vues photographiques de l'édifice.

De TOULOUSE à CLERMONT.

Le Mercredi soir 10 et le Jeudi matin 11 Septembre.

	1er Tr. soir	Arrêts Minut.	2e Tr. soir	Arrêts Minut.	
Dép. de **Toulouse**.	7.30	»	7.55	»	*Ave maris st.*
Arr. à **Granague**.	».»»	»	».»»	»	*Neuvaine.*
— à **Montastr**..	».»»	»	».»»	»	*Prières du soir.*
— à **St-Sulpice**.	».»»	»	».»»	»	
— à **Tessonn**...	».»»	»	».»»	»	
— à **Vindrac**...	».»»	»	».»»	»	
— à **Lexos**......	».»»	»	».»»	»	
— à **Villefranc**.	».»»	»	».»»	»	
— à **Capdenac**..	».»»	»	».»»	»	

	1er Tr. soir	Arrêts Minut.	2e Tr. soir	Arrêts Minut.	Règlement
Arr. à **Figeac**.....	».»»	»	».»»	»	
— à **Bagnac**....	».»»	»	».»»	»	
— à **Maurs**.....	».»»	»	».»»	»	
— à **Boisset**....	».»»	»	».»»	»	
— à **Le Rouget**	».»»	»	».»»	»	
— à **La Capelle**	».»»	»	».»»	»	
— à **Ytrac**......	».»»	»	».»»	»	
— à **Aurillac**...	».»»	»	».»»	»	
— à **Thiezac**....	».»»	»	».»»	»	
— à **St-Jacques**	».»»	«	».»»	»	
— au **Lioran**....	».»»	»	».»»	»	
— à **Murat** (1)...	».»»	»	».»»	»	*Ave maris st.*
— à **Neussarg**..	».»»	»	».»»	»	*Prièr. du mat.*
— à **Ferrière**...	».»»	«	».»»	»	*Médit.*, p.
— à **Molompize**	».»»	»	».»»	»	
— à **Massiac**...	».»»	»	».»»	»	*1er Chapelet.*
— à **Blesle**......	».»»	»	».»»	»	*Neuvaine.*
— à **Lempdes**..	».»»	»	».»»	»	*Cantiques.*
— à **Arvant**....	7.10	62	7.50	42	*2e Chap. Cant.*
— à **Issoire**.....	8.57	1	9.17	1	*3e Chapelet.*
— à **Clermont**..	9.49	121	10.09	121	*Ave, maris st.*

Les bagages pourront être laissés dans les trains.

NOTA. — Lire dans le *Manuel*, page 184, la notice sur N.-D. du Port.

Petite station à la Basilique de N.-D. du Port.

Le Jeudi matin 11 Septembre.

De la gare à la Basilique, 12 minutes de marche.

A 10 h. 1/4, Messe de pèlerinage par Mgr Sonnois : pendant cette messe, chant du *Credo*, de l'*Ave Verum*, de l'*Ave maris stella* et du *Salve Regina*.

Après la Messe, visite à la crypte, dans laquelle on voit la statue miraculeuse, le puits réputé miraculeux aussi.

(1) On aperçoit au-dessus de la ville de Murat, la dominant du sommet d'un pic rocheux, une statue monumentale de la Sainte Vierge. On vénère, dans l'église paroissiale, sous le même titre de *Notre-Dame des Oliviers*, une autre statue, qui, selon la tradition, fut apportée de la Palestine, par le roi saint Louis, à son retour de la Croisade; une lampe remplie d'huile d'olives brûle devant elle nuit et jour. Elle est l'objet d'un pèlerinage très fréquenté. Le diocèse de Saint-Flour célèbre la fête de N.-D. des Oliviers, le 1er dimanche de septembre. En 1889, une croix rapportée de Jérusalem par les pèlerins de la Pénitence, a été plantée solennellement sur la montagne.

De CLERMONT FERRAND à PARAY-LE-MONIAL

Le Jeudi 11 Septembre.

	1er Tr. matin	Arrêts Minut.	2e Tr. soir	Arrêts Minut.	Règlement.
Dép. de **Clermont**	11.50	»	12.10	»	*Magnificat.*
Arr. à **Gannat**....	12.47	3	1.07	3	
— à **St-Germain**	1.26	5	1.46	5	*2e Chap. Neuv.*
— à **Moulins**...	2.21	19	2.41	19	*Vêp. de la S.V.*
— à **Gilly**.......	3.40	2	4.»»	2	*Lit. du Sacré-*
— à **Paray-l.-M.**	4.27	»	4.47	»	*Cœur.*

Séjour à PARAY-LE-MONIAL.

Du Jeudi soir 11 au Vendredi soir 12 Septembre.

NOTA — Lire dans le *Manuel*, page 186, la petite notice sur Paray-le-Monial (1).

I. **Logements.** — Les hôtels sont nombreux à Paray; la plupart des habitants logent aussi. On fera bien de s'assurer des places à l'avance. On peut écrire soit à Mme veuve Drago, *Hôtel de la Visitation ;* soit à M. Sandre, *Hôtel des Pèlerins* (ces deux hôtels, en face de la chapelle) ; soit *Hôtel de Bourgogne*, près de la gare, etc.

II. **Ordre des cérémonies.** — *Le Jeudi soir,* à 6 h., Chemin de Croix dans l'enclos des chapelains, Salut du Saint Sacrement à la Basilique.

Le Vendredi matin, à partir de 5 h., Messes de communion à la chapelle de la Visitation ; à 7 h., par S. E. le cardinal Richard.

A 10 h., Messe solennelle à la Basilique par Mgr Sonnois, avec sermon ; après la Messe, chant du cantique *Cœur de Jésus, notre espérance* (page 161).

A 1 h. ¼, chant du *Magnificat*; procession du Saint Sacrement dans l'enclos du monastère ; Salut solennel, chant du *Memorare* du Sacré-Cœur (page 160).

III. **Temps libre.** — Visite des sanctuaires, du Musée eucharistique et des autres lieux indiqués dans la notice (page 186).

IV. **Jubilé de Paray-le-Monial.** — Le 17 octobre 1890 ramène le centenaire de la mort de la Bienheureuse Mar-

(1) Se procurer le *Guide illustré de Paray-le-Monial*, 12 gravures, 130 pages. Prix : 0 fr. 50. A la Direction du Pèlerinage

guerite-Marie. Pour donner la plus grande solennité possible à la célébration de ce centenaire, Mgr l'évêque d'Autun a sollicité du Souverain Pontife la faveur d'un jubilé local. Le Saint Père a daigné répondre, le 14 mars dernier, à cette prière par un Bref qui fait connaître aux pèlerins les raisons, les avantages et les conditions du jubilé qu'ils veulent gagner aujourd'hui.

Les conditions à remplir sont au nombre de cinq . 1° la confession ; 2° la communion ; 3° une visite à la chapelle du monastère de la Visitation pour y prier aux intentions du S. P. ; 4° un jour de jeûne et d'abstinence (le jeûne usuel, avec usage du beurre et du fromage, suffit) ; 5° une aumône en faveur des écoles libres du diocèse d'Autun.

V. **Confesseurs.** — Mgr l'Evêque d'Autun autorise, pour l'exercice des pouvoirs jubilaires accordés par S. S. Léon XIII : 1° tous les prêtres de son diocèse déjà approuvés ; 2° les prêtres des autres diocèses et les religieux munis de l'approbation de leurs Ordinaires et supérieurs respectifs.

De PARAY-LE-MONIAL à HYMONT-MATTAINCOURT.

Du Vendredi soir 12 au Samedi matin 13 Septembre.

	1er Tr. soir	Arrêts Minut.	2e Tr. soir	Arrêts Minut.	Règlement.
Dép. de Par.-l.-M.	6.»»	»	6.20	»	Ave maris st.
Arr. à Montceau-l.-Mines .	6.50	3	7.10	3	1er Chapelet.
— à Montcha^nin	7.16	5	7.36	5	2e Chap. Neuv.
— à Chagny....	8.07	16	8.27	16	3e Chapelet.
					Prières du soir.
					Miserere.
— à Dijon......	10.02	8	10 22	8	Grand silence.
— à Is-s.-Tille .	11.01	64	11.21	64	
— à Chalindrey	».»»	»	».»»	»	
— à Merrey....	».»»	»	».»»	»	
— à Rosières...	».»»	»	».»»	»	
— à Lamarche.	».»»	»	».»»	»	
— à Mart.-l.-B.	».»»	»	».»»	»	
— à Contrexév.	».»»	»	».»»	»	
— à Vittel......	».»»	»	».»»	»	
— à Haréville..	».»»	»	».»»	»	
— à Remonc^rt..	».»»	»	».»»	»	
— à Mattainc^rt.	3.47	»	4.10	»	

Le chemin de la gare à l'église de Mattaincourt est de 800 mètres; des voitures seront à la disposition des pèlerins les plus infirmes ou les plus fatigués.

Les valises ne pourront être laissées dans les trains.

Station au Tombeau du B. P. Fourier.

NOTA. — Lire dans le *Manuel,* page 189, la petite notice sur le Bon Père, son église et son tombeau.

I. **Autels.** — Des autels seront préparés en nombre suffisant pour tous les prêtres du pèlerinage. Ces autels seront mis d'abord à la disposition de ceux qui doivent repartir à 5 h. 54.

II. **Ordre de la cérémonie.** — Messe d'action de grâces à l'autel principal par Mgr Sonnois; allocution par Sa Grandeur; vénération des reliques du Bienheureux Père Fourier au chant du cantique au Bon Père (page 163); Salut du T. S. Sacrement.

De MATTAINCOURT à ÉPINAL, à SAINT-DIÉ, à NANCY et à METZ.

Le retour des groupes de **Saint-Dié** et d'**Épinal** se fera à partir de Hymont-Mattaincourt par les trains ordinaires; celui des groupes de **Nancy** et **Metz** par train spécial.

GROUPES DE SAINT-DIÉ ET D'ÉPINAL

Départ de **Hymont**...................	5.57	matin.
Arrivée à **Epinal**...................	6.50	—
Départ d'**Épinal**...................	7.20	matin.
Arrivée à **Saint-Dié**...............	9.17	—

GROUPES DE NANCY ET DE METZ

Départ de **Hymont**............ vers	7.20	matin.
Arrivée à **Nancy**............... vers	9.40	—

Le retour du groupe de **Metz**, de **Nancy** à **Metz**, se fera par train ordinaire.

Départ de **Nancy**...................	10.50	matin.
Arrivée à **Pagny**...................	11.36	—
Départ de **Pagny**...................	12.56	(h. all^de)
Arrivée à **Metz**...................	1.27	soir.

Vu et approuvé : + MARIE-ALPHONSE, *Év. de St-Dié.*

St-Dié, Imp. L. Humbert.

www.ingramcontent.com/pod-product-compliance
Lightning Source LLC
Chambersburg PA
CBHW071945090426
42740CB00011B/1822